Wie Man Aufhört, Zu Viel Zu Denken

Der einzige Leitfaden, den du brauchst, um negative Gedankenmuster zu durchbrechen und glücklich zu sein

Linda Hill

Inhaltsverzeichnis

Dein kostenloses Geschenk

Holen dir deinen Spickzettel für Achtsamkeit

Verbessere dein Verständnis von Achtsamkeit, lerne Meditationstechniken und lebe einen achtsamen Lebensstil. Dieser Spickzettel enthält alles, was du für den Anfang brauchst, um ein stressfreies Leben führen zu können.

Besuche uns hier:
LindaHillBooks.com/mindful

oder

QR-Code scannen:

Linda Hill

Einführung

Übermäßiges Grübeln ist ein stilles Verhängnis. Es schleicht sich unbemerkt in dein Gehirn und hält dich gefühlt für immer fest. Wie kommt es also überhaupt dazu? Ganz einfach: Es fängt an, weil wir uns über etwas Sorgen machen. Für manche mag das eine grobe Vereinfachung sein, aber für dieses Buch reicht das als allgemeines Verständnis dafür aus, wie man scheinbar über Nacht zu einem Überdenker wird.

Tatsächlich ist das Überdenken oder Grübeln oft - aber nicht immer - mit einer tieferen psychischen Störung wie Depressionen, Angstzuständen, Essstörungen oder Drogenkonsum verbunden, aber das ist nicht immer der Fall. Das Problem besteht darin, dass die Korrelation zwischen übermäßigem Nachdenken und diesen anderen Zuständen zu einem Henne-Ei-Szenario wird. Es ist nicht ganz klar, was zuerst da war und das andere ausgelöst hat, bis man mit zugelassenen Fachleuten in die Tiefe geht (Morin, 2020).

Nur weil übermäßiges Grübeln oft mit den oben genannten mentalen Zuständen in Verbindung gebracht wird, heißt das nicht, dass sie immer zusammen auftreten; es gibt zahlreiche andere Gründe, warum jeder dieser Zustände auftreten kann, aber es ist gut, sie jetzt zu erwähnen, damit du beginnen kannst, dir deiner selbst bewusst zu werden.

Überdenken verstehen

Das Problem mit dem Überdenken ist, dass viele Menschen, weil es in unserem Leben so häufig vorkommt, ihre Überdenker-Tendenzen entweder abtun oder einen Überdenkenskomplex über das Überdenken entwickeln. In diesem Buch wird zwar genauer darauf eingegangen, wie du deine persönlichen Auslöser und Muster zu Überdenken erkennen kannst, aber wir beginnen mit einem allgemeinen Verständnis des Überdenkens und seiner Funktionsweise.

Was ist Überdenken?

Die Definition des Überdenkens oder Grübelns lautet wie folgt: "Zu viel über etwas nachdenken: zu viel Zeit in das Nachdenken über oder die Analyse von etwas in einer Art und Weise investieren, die eher schädlich als hilfreich ist" (Merriam-

Webster, o.d.). Bevor wir weiter auf das Verständnis des Überdenkens eingehen, muss auf einen sehr wichtigen Punkt in der Definition hingewiesen werden: Überdenken wird gefährlich, wenn wir so intensiv grübeln, dass unsere Gedanken mehr schaden als nützen.

Auch die Betrachtung des Zusammenhangs zwischen übermäßigem Nachdenken und sich Sorgen zu machen ist hilfreich, da diese Handlungen eng miteinander verbunden sind und leicht damit gerechtfertigt werden können, dass man etwas Nützliches oder Produktives tun will. Zum Beispiel erklären wir uns selbst, Freunden, Familienmitgliedern und Kollegen, dass wir uns um die Gesundheit von jemandem sorgen oder uns auf das Schlimmste vorbereiten (Acosta, 2022). In Wirklichkeit bereiten wir uns mental auf jedes Worst-Case-Szenario vor und machen die Dinge auf lange Sicht für uns selbst nur noch schlimmer.

Indem wir uns bewusst vorgaukeln, dass wir etwas Positives oder Produktives tun, wenn wir uns Sorgen machen oder grübeln, lassen wir zu, dass diese Art von Gedanken und Verhaltensmustern fortbestehen. Das Problem ist, dass unser Gehirn dadurch, dass wir uns erlauben, weiterhin auf diese Weise zu denken, ermutigt wird, die tief verwurzelten negativen Denkmuster beizubehalten, die diese Art von Gedanken hervorrufen.

Bevor wir nun weitergehen, müssen wir den Elefanten im Raum erkennen. Ja, die obigen Absätze erwecken den Anschein, als würdest du als Überdenker diese Art des Denkens mit offenen Armen in deinem Geist willkommen heißen. Das ist aber nicht die Aussage dieses Buches. Zwar hast du technisch gesehen die Kontrolle über deine Gedanken, aber Überdenken ist eine Gewohnheit, und sie führt dazu, ängstliche, zwanghafte, grüblerische, depressive Gefühle - oder jede andere Art von negativen Gefühlen - mit deinen ursprünglichen Gedanken zu verbinden, ohne dass du es überhaupt bemerkst. Es ist eine traurige Tatsache, dass sich die meisten Überdenker nicht einmal bewusst sind, dass sie zu viel denken oder dass ihr Gehirn in diesem Zustand zu weit geht. Deshalb beginnt dieses Buch mit der Feststellung, dass das Überdenken so allgegenwärtig und heimtückisch ist und dass die meisten Menschen diesen Kreislauf aufrechterhalten, ohne es überhaupt zu bemerken. Wenn das auf dich zutrifft, gibt es absolut keinen Grund, sich zu schämen oder sich darüber aufzuregen. Viele von uns haben schon einmal zu viel nachgedacht.

Wir alle denken manchmal zu viel nach. Der Hauptunterschied zwischen einem Überdenker - bei dem diese Art des Denkens zu einer Lebensweise geworden ist und Sicherheit schafft - und anderen besteht jedoch darin, was mit den Gründen für das Überdenken gemacht wird. Ein Nicht-Überdenker wird spezifische Szenarien verwenden, in denen das Überdenken notwendig ist, um ein positives Ergebnis zu erzielen oder eine Anforderung zu erfüllen. Beispiele hierfür könnten ein Projekt bei der Arbeit oder die Lösung einer Konfrontation mit einer nahestehenden Person sein. Überdenker neigen jedoch dazu, genau dieselben Denkmuster zu verwenden, um den Kreislauf von Negativität, Sorgen und Selbstverachtung fortzusetzen.

Wenn die Phase des Überdenkens ein vorher festgelegtes Enddatum hat (z. B. den Abgabetermin eines Projekts oder den Tag des Kaffees mit jemandem) und du in der Lage bist, nach dem Ereignis nicht zu viel über das Szenario nachzudenken, dann bist du höchstwahrscheinlich kein Überdenker. (Es ist jedoch völlig normal, ein traumatisches Ereignis noch einige Stunden oder Tage nach dem eigentlichen Ereignis zu überdenken, weil man Zeit braucht, um es zu verarbeiten.) Echte Überdenker fixieren sich auf alles Mögliche, und es gibt kein Enddatum, an dem das aufhört.

Warum könnte diese Art des Denkens kein Enddatum haben? Die Antwort darauf könnte wirklich fast alles sein. Es könnte daran liegen, dass dein Gehirn auf diese Weise verdrahtet ist (darauf werden wir im weiteren Verlauf eingehen), es könnte daran liegen, dass dein früheres Überdenken etwas in deinem Gehirn ausgelöst hat, das dich dazu veranlasst hat, weiter zu grübeln, oder es könnte daran liegen, dass die Zeit, die du zum

Überdenken brauchtest, dein Gehirn dazu veranlasst hat, wieder zu alten Denkweisen zurückzukehren. Traurigerweise gehört das Überdenken zu den Dingen, die einfach wieder auftauchen, und es kann viele Gründe geben, warum das so ist. Versuche, dich davon nicht entmutigen zu lassen. Auch wenn du vielleicht ein Überdenker bist oder jemanden kennsten, bei dem das der Fall ist, gibt es viele Möglichkeiten, dagegen anzukämpfen, und wir werden viele davon in diesem Buch besprechen. Lass uns also weitermachen.

Wie Überdenken funktioniert

Es gibt zwei Hauptarten des Überdenkens: das Grübeln über die Vergangenheit oder das Grübeln über die Zukunft (Morrin, 2019). Da diese beiden Denkweisen in der modernen Gesellschaft weit verbreitet sind, ist es nur logisch, dass so viele Menschen ihre Tendenzen zum Überdenken ignorieren. Hinzu kommt, dass das erhöhte "normale" Stressniveau, dem die meisten von uns heute ausgesetzt sind, unser Gehirn chemisch zu verändern beginnt, und zwar in Bezug auf die Art und Weise, wie wir denken, und die tatsächliche Größe und die Fähigkeiten unseres Gehirns, was wiederum dazu führt, dass das Überdenken zu einer stärkeren Gewohnheit wird (TED-Ed, 2015).

Was Überdenken nicht ist

Nachdem du nun die Definition des Überdenkens kennst und

weißt, wie es sich äußert, ist es wichtig, dass du verstehst, was Überdenken *nicht* ist. Da sich Überdenken an das normale Denken anschließt, durch eine Vielzahl unbekannter Variablen ausgelöst wird und sogar in deinem Gehirn verbleiben kann, ohne dass du dir dessen voll bewusst bist, solltest du einfach sicherstellen, dass du vollständig verstehst, was passiert, anstatt dir über jede Art von tiefgreifendem Denken, das wir als Menschen durchlaufen, Gedanken zu machen. Wir werden schnell eine Liste durchgehen, was Überdenken nicht ist und warum diese Arten des Denkens kein Überdenken sind.

Problemlösung

Problemlösung ist eine intensive Form des Denkens. Dabei werden alle möglichen Szenarien in Betracht gezogen, um die beste Lösung und das beste Ergebnis zu finden. Der Hauptunterschied zwischen Problemlösen und Überdenken besteht darin, dass man sich beim Problemlösen darauf konzentriert, eine Lösung zu finden. Im Vergleich dazu verweilt das Überdenken beim Problem und findet nie wirklich eine Lösung, die tatsächlich brauchbar ist (Morrin, 2019).

Selbstreflexion

Selbstreflexion kann zwar auch negative Gedankenspiralen auslösen, der Hauptunterschied zwischen Selbstreflexion und Überdenken besteht jedoch darin, dass man bei einer gesunden Selbstreflexion etwas über sich selbst lernt (Morrin, 2019). Im

Vergleich dazu neigt man beim Überdenken dazu, sich mit allem zu beschäftigen, was mit einem nicht stimmt, und denkt sich sogar weitere Dinge aus, die angeblich nicht in Ordnung seien, obwohl in der Realität kein Problem vorliegt.

Falls sich das etwas seltsam anhören sollte, denk doch mal an eine Zeit, in der jemand, den du kennst, an sich selbst gezweifelt hat und über sich selbst in einer Weise dachte, die völlig falsch war. Genau das ist eine Form des Überdenkens. Irgendwie glauben wir am Ende negative Dinge über uns selbst, die niemand sonst über uns denkt.

Das Gehirn und Emotionen

Okay, nachdem wir nun ein gutes Grundverständnis des Überdenkens erlangt haben, ist es an der Zeit, sich mit deinem Gehirn und deinen Emotionen zu beschäftigen. Warum? Weil Überdenken auf Emotionen beruht, und wenn unsere Emotionen involviert sind, ist es hilfreich, die Wissenschaft dahinter zu verstehen, um vollständig zu begreifen, was mit uns geschieht.

Die Grundlagen

Wie bereits erwähnt, geht Stress Hand in Hand mit

übermäßigem Nachdenken, und es spielt wirklich keine Rolle, woher der Stress kommt. Ob wir überdenken, weil wir gestresst sind, oder ob unser Stress vom Überdenken kommt, er ist immer da. Es ist besonders wichtig zu verstehen, was Stress mit unserem Gehirn macht.

Bevor wir Stress zum ultimativen Bösewicht erklären, muss ich klarstellen, dass er das nicht ist. Stressschübe können bei Wettkämpfen oder Ereignissen mit hohem Adrenalinspiegel, wie z. B. beim Sport, sehr hilfreich sein oder dazu beitragen, dass man bei der Arbeit oder in der Schule bessere Leistungen erbringt. Der entscheidende Punkt ist lediglich, dass man in der Lage sein muss, den vorhandenen Stress mental richtig zu bewältigen. Dieses Buch wird in einem der nächsten Kapitel einige Möglichkeiten aufzeigen, wie du das tun kannst. Die Möglichkeiten, die wir in diesem Kapitel zur Stressbekämpfung erörtern, befassen sich in erster Linie mit übermäßigem Denken und weniger mit deinem Leben insgesamt.

Zurück zu den Auswirkungen von Stress auf dich. Chronischer Stress, wie z. B. ständiger Streit oder ein toxisches Arbeitsumfeld, kann tatsächlich die Größe und die Funktionalität unseres Gehirns und sogar unsere Gene beeinflussen. Wenn dein Gehirn Stress erkennt, schüttet es eine Chemikalie namens Cortisol aus, die deinem Körper den

Energieschub gibt, um in der Situation sofort handeln zu können. Das Problem ist, dass ein hoher Cortisolspiegel über längere Zeiträume hinweg dem Gehirn schadet. Es schaltet das Angstzentrum des Gehirns sowie die Teile des Gehirns aus, die für das Lernen, die Sozialisierung und die Stresskontrolle zuständig sind. Darüber hinaus kann Cortisol dazu führen, dass das Gehirn schrumpft, insbesondere durch einen Verlust an Synapsen und eine Verringerung von Gehirnzellen, die während der regulären Funktionen des Gehirns gebildet werden (TED-Ed, 2015).

Das ständige Vorhandensein von Cortisol auf lange Sicht sehr schädlich und macht das Gehirn anfällig für zahlreiche potenzielle Probleme wie Angstzustände und Depressionen.

Tiefer gehen

Wie also beeinflusst dein Gehirn dein Überdenken? Nun, es gibt zahlreiche Möglichkeiten, wie es das tut, aber für die Zwecke dieses Buches werden wir uns hauptsächlich auf die Gedanken konzentrieren, und nicht auf die chemischen Ungleichgewichte.

Dank Dr. Carolyn Leaf und ihren Kollegen hat man begonnen, dieses Thema in leichter verständliche Teile zu zerlegen, von denen der erste ist, dass das Gehirn und das Bewusstsein eigentlich zwei völlig getrennte Einheiten sind, die sich im selben "Bereich" (dem Gehirn) befinden. Unsere Gedanken sind das allererste, was vor allem anderen passiert, und sie entstehen in unserem Bewusstsein. Wenn wir uns ändern wollen, müssen wir unsere Gedanken ändern. Denk darüber nach. Wenn du abnehmen willst, musst du dir diesen Gedanken tatsächlich in den Kopf setzen. Unser Bewusstsein ist der Ort, an dem wir auf das Leben um uns herum reagieren und antworten. Da unser Bewusstsein von unserem Gehirn getrennt ist, hat das, was unser Bewusstsein entscheidet, einen direkten Einfluss auf unser Gehirn und dessen Funktionsweise.

Dein Bewusstsein denkt, und dein Gehirn reagiert und antwortet.

Gedanken vs. Erinnerungen

Unsere Gedanken sind das Produkt dessen, wie unser Bewusstsein auf unser Leben reagiert, während wir schlafen. Unsere Gedanken sind tatsächliche physische Dinge in unseren Gehirnen. Falls du jemals baumähnliche Strukturen gesehen haben solltest in Zusammenhang mit dem Thema Gehirn und Nervenbahnen, dann sind Gedanken diese Bäume. Sie stellen die Gedanken und die mit ihnen verbundenen Gefühle dar. Betrachte einen Baum und das, woraus er besteht. Unsere Erinnerungen sind die Wurzeln der Bäume in unseren Gehirnen. Unsere Gedanken selbst sind es, die diesen Baum erschaffen haben, und in dem Moment, in dem der Baum vergeht, wird er von einer Erinnerung an diesen Gedanken bewohnt. Jeder dieser Gedankenbäume kann Hunderte von Erinnerungen in sich tragen. Wo ist dieser Baum verwurzelt? In deinem Gehirn. Das bedeutet, dass sich buchstäblich die Reaktionen deines Bewusstseins in dein Gehirn einbauen, die aus deinen Erfahrungen, Worten, Gefühlen, Entscheidungen und Reaktionen stammen. Auf diese Weise fangen wir an zu funktionieren, schaffen gute Erinnerungen, aber auch Traumata in unseren Gehirnen.

Ein Gedanke setzt sich aus Erinnerungen zusammen. Denke an ein Fotoalbum. Der Gedanke ist das Ereignis, das fotografiert wird, und die Erinnerungen sind die Fotos.

Gut, das ist jetzt der unglaublich wichtige Teil für dieses Buch: Die Ereignisse in unserer Umgebung sind in unseren Gehirnen und Körpern neuronal kodiert, und das wissen wir dank der Psychoneurobiologie. Was immer wir also ständig denken, erzeugt eine stärkere Kodierung dieses bestimmten Gedankens und der damit verbundenen Emotionen. Einfacher ausgedrückt: Das, woran wir am meisten denken, wächst. Und wie viele von uns wissen, beginnt das, was wir denken, fühlen und wählen, zu diktieren, was wir sagen, tun und sogar wie wir das Leben angehen. Wenn wir also ständig an negative Dinge denken oder negative Denkmuster verwenden, bauen wir

Negativität in unser Gehirn ein (Leaf, 2019).

Atmen

Nun gut, das war eine Menge, die du durcharbeiten musstest, und eine Menge sehr wichtiger Fakten, die dir vorgesetzt wurden. Da es in diesem Buch um übermäßiges Denken geht, war das möglicherweise eine Menge neuer Informationen, die dein höchstwahrscheinlich mit Cortisol vollgepumptes Gehirn nun wiederholt umdrehen muss.

Erstens: Nur weil das passiert, wenn du zu viel nachdenkst, heißt das nicht, dass das jetzt passiert oder dass dein Gehirn immer so ist. Im vorigen Abschnitt wurde lediglich erwähnt, was passiert, wenn das Gehirn über längere Zeiträume hinweg zu viel Cortisol ausgesetzt ist.

Zweitens: Dein Gehirn ist in der Lage, sich wieder zu erholen. Dank zahlreicher wunderbarer Studien und Fachleute, die viel geforscht haben, wissen wir, dass unser Gehirn in der Lage ist, sich selbst zu heilen und zu reparieren, wenn wir uns anstrengen (TEDx Talks, 2020a). Es ist jedoch anzumerken, dass sich unser Gehirn zwar verändern und anpassen kann, dass aber auch die Art der Umgebung, der du dein Gehirn ständig aussetzt, eine große Rolle spielt. Dein Gehirn ist anpassungsfähig und auf Veränderung eingestellt, aber es kann sich nicht verändern, wenn es gegen alle möglichen Umweltfaktoren ankämpft (es gibt vielleicht ein paar wenige Menschen unter Tausenden, die diese mentale Stärke haben). Fang also an, auf das Umfeld zu achten, in das du dich begibst. Wenn deine Umgebung immer negativ ist, wirst du es sehr schwer haben, positiv zu bleiben (TEDx Talks, 2020b). Wenn du willst, dass dein Gehirn Überdenken überwindet und sich an eine neue Normalität anpasst, musst du damit beginnen, dich für den Erfolg zu rüsten.

Bevor du weiterliest

Bevor wir uns weiter mit dem Überdenken beschäftigen, gibt es noch ein paar andere Dinge, die du wissen und tun solltest, während du dieses Buch liest. Es wird dringend empfohlen, dass du diese Dinge liest und berücksichtigst, bevor du fortfährst.

Bedingungen

Einige Begriffe in diesem Buch sind vielleicht einigen Lesern

nicht bekannt. Falls dies der Fall sein sollte, werden sie in diesem Abschnitt erklärt. Viele dieser Begriffe und Ideen können auch in anderen Lebensbereichen als dem des Überdenkens verwendet werden. Wenn du also etwas entdeckst, das du in einem anderen Bereich verwenden könnest, dann tue das!

Sichere Menschen

Sichere Menschen sind die Menschen in unserem Leben, denen wir absolut alles sagen können und die uns niemals verurteilen, verletzen oder uns dazu zwingen, unsere Meinung zu ändern. Sie ermutigen uns vielleicht, bessere oder andere Entscheidungen zu treffen, aber sie respektieren uns als Menschen und fördern unser persönliches, berufliches und beziehungsmäßiges Wachstum (Cloud & John Sims Townsend, 2022/2016). Dies sind die Menschen, die uns niemals verurteilen werden, und es ist eine der gesündesten Beziehungen, die man haben kann.

Es wird dringend empfohlen, dass du für bestimmte Aspekte dieser Reise eine sichere Person bittest, dir zur Seite zu stehen und dir zu helfen, bestimmte Dinge zu verarbeiten. Der Vorteil einer sicheren Person gegenüber einem zugelassenen Therapeuten besteht darin, dass sie dich höchstwahrscheinlich schon lange kennt und dir Klarheit und Einsicht verschaffen kann, wenn deine Erinnerungen nicht gerade die zuverlässigsten sind.

In diesem Buch wird es viele Stellen geben, an denen deine sichere Person erwähnt wird, und du wirst vielleicht sogar aufgefordert, mit ihr zu sprechen. Achte jedoch darauf, dass deine sichere Person weiß, worauf sie sich einlässt. Es ist nicht fair und auch nicht unbedingt nett, deine sichere Person zu einem Partner zu machen, der für dich verantwortlich ist, oder sie auf diese Reise mitzunehmen, wenn sie sich dessen nicht bewusst ist. Außerdem würde dies dazu führen, dass sie dir nicht den besten Rat geben kann.

Wenn du keine sichere Person hast

Leider gibt es Zeiten in unserem Leben, in denen sichere Menschen nicht leicht zugänglich sind oder diese Beziehungen nicht mehr so stark sind wie früher. Wenn das der Fall ist, suche dir einen professionellen Therapeuten oder einen zugelassenen Berater für die Zeit, in der du Hilfe brauchst. Das sind die einzigen Menschen, bei denen man sich auf Anhieb sicher fühlen kann, weil sie professionell ausgebildet sind und höchstwahrscheinlich viele andere Klienten mit ähnlichen Problemen haben.

Mache niemanden, den du gerade erst kennen gelernt hast, zu einer sicheren Person. Dies kann vielleicht in der Zukunft möglich sein, aber der Grund warum eine sichere Person eine sichere Person ist, ist, dass du viel Zeit damit verbracht hast, sie kennenzulernen und eine Beziehung aufzubauen. Außerdem ist einer neuen Person möglicherweise nicht bewusst, wie sehr du dir Gedanken machst, und außerdem kennt sie möglicherweise nicht genug von dir als Person und deiner persönlichen Geschichte, um dir den besten Rat zu geben.

Rechenschaftspflichtiger Partner

Ähnlich wie sichere Personen sind rechenschaftspflichtige Partner Menschen, die uns für bestimmte Dinge in unserem Leben zur Verantwortung ziehen. Dies kann dazu dienen, uns davon abzuhalten, ein negatives Verhaltensmuster fortzusetzen, oder uns bei einer Sucht zu helfen. In diesem Buch werden rechenschaftspflichtige Partner als Schutz eingesetzt, um sicherzustellen, dass du mit der Umsetzung der erforderlichen Schritte beginnst, um mit dem Überdenken aufzuhören, oder um dich zu ermutigen, wenn du einige der Praktiken, die du aus diesem Buch übernommen hast, ausbaust.

Wenn du dir einen Rechenschaftspartner suchst, musst du jemanden finden, dem du zuhören kannst. Jemanden, der sich mit dir auseinandersetzt, mit dir Kontakt aufnimmt, um dich zu überprüfen, und dem du vertraust. Du musst auch auf das vorbereitet sein, was dein Rechenschaftspartner mitbringt. Du musst damit klarkommen, dass er dich anspricht, dich zur Rede stellt und nach dem Stand der Dinge fragt. Du musst auch ehrlich zu ihm sein. Einen Partner anzulügen ist so, als würde man in der Wüste einen Schneeanzug tragen - das bringt absolut nichts. Wenn dein Partner dir das Gefühl gibt, weniger wert zu sein, oder wenn du dich nicht wohl dabei fühlst, ihm deine Misserfolge aufgrund seines Verhaltens oder seiner Reaktionen mitzuteilen, suche dir eine andere Person.

Außerdem müssen sich diese Personen, genau wie bei sicheren Personen, darüber im Klaren sein, dass du ihr Rechenschaftspartner bist, damit sie diese Rolle erfüllen können. Ein Rechenschaftspartner, der sich dieser Rolle nicht bewusst ist, wird dir nicht dabei helfen, die Schritte für die Gewohnheiten beizubehalten, wenn es schwierig wird oder du einen schlechten Tag hast.

Grenzen

Laut Dr. Henry Cloud geht es bei Grenzen darum, zu erkennen, wofür wir bereit sind, in unserem eigenen Leben die Verantwortung zu übernehmen, und wofür nicht (Cloud & John Sims Townsend, 2022/2004). Dies ist besonders wichtig, wenn man zu viel nachdenkt, da man beginnt, ein mentales und emotionales Bewusstsein dafür zu entwickeln, wann die eigenen Gedanken beginnen, einem mehr Verantwortung aufzubürden, als man in diesem bestimmten Szenario braucht oder verantworten sollte.

Falls du Schwierigkeiten haben solltest, darüber nachzudenken, ob du tatsächlich für etwas verantwortlich bist, dann beziehe diese Situation auf ein Kleidungsstück oder dein Haus. Wir alle wissen, wofür wir verantwortlich sind und wofür nicht, wenn es um materielle Dinge geht. Denke zum Beispiel an Hausbesitzer. Hauseigentümer wissen sehr genau, wofür sie verantwortlich sind, im Gegensatz zu anderen Menschen, wie z. B. ihren Nachbarn oder der Stadtverwaltung, und sie neigen dazu, sich dieser Verantwortung nicht zu entziehen. Ebenso sind sich die meisten Menschen darüber im Klaren, was sie besitzen oder was sie in ihren Kleiderschrank stellen wollen. Frage dich einfach, wofür du in einer bestimmten Situation bereit bist, verantwortlich zu sein, und wofür du verantwortlich sein solltest. Wenn du einen weiteren Anreiz brauchst, um dir selbst Grenzen zu setzen, dann ist das Wissen um deine Grenzen ein guter Weg, um das Überdenken zu bekämpfen, denn es zwingt dein Gehirn und deine Gefühle zu erkennen, was dein Problem ist und was nicht.

Kleine Notiz

Das "sollte" in der obigen Aussage bezieht sich auf die persönliche Verantwortung und nicht auf das, was dir jemand anderes auferlegt. Wenn du z. B. für die Leitung der Teamsitzungen bei der Arbeit verantwortlich bist, kann deine Grenze nicht direkt dagegen verstoßen (es sei denn, es liegt eine gefährliche und ungesunde Situation vor), denn damit hast du dich einverstanden erklärt, als dus diese Position übernommen hat (wenn nicht, solltest du mit deinem Chef sprechen). Nehmen wir an, dein Partner oder deine Partnerin ist sauer, weil ihr in ein anderes Restaurant gegangen seid, als er oder sie wollte, aber er/sie hat seine/ihre Vorlieben nicht geäußert, als er/sie gefragt wurde.

Bei den beiden Beispielen handelt es sich zum einen um eine Verantwortung, die du hast, ob du willst oder nicht, und zum anderen um eine Situation, in der dir jemand eine Verantwortung auferlegt hat, die ursprünglich gar nicht deine war (nämlich seine/ihre Gedanken zu lesen und zu wissen, in welches Restaurant er/sie gehen wollte). Übermäßiges Nachdenken fällt eher in die zweite Kategorie, nur dass du derjenige/diejenige bist, der/die sich selbst mehr Verantwortung auferlegt. Zu erkennen, wann du das tust, wird im weiteren Verlauf dieses Buches von großem Nutzen sein.

Toxische Positivität

Toxische Positivität ist ein etwas neuerer Begriff, der leider so verallgemeinert werden kann, dass es so klingt, als sei positiv zu sein toxisch. So ist dieser Begriff aber nicht gemeint. Toxische Positivität bedeutet im Wesentlichen, dass man seine Gefühle oder eine negative Situation herunterspielt, um positiv zu bleiben. Es ist schön und gut, Positivität einzusetzen, um sich selbst oder andere aufzumuntern, aber dies sollte nicht auf Kosten der Gefühle anderer geschehen oder deren Sichtweise vernachlässigen (Cherry, 2021).

Es gibt eine Menge großartiger Ressourcen und Beispiele, die den Unterschied zwischen toxischer Positivität und tatsächlicher Ermutigung und Hilfe für jemanden aufzeigen, aber für den Moment werden wir ein kurzes Beispiel durchgehen. Anstatt zu verallgemeinern und zu sagen: "Es wird schon gut gehen", kannst du zum Beispiel fragen: "Wie kann ich dir helfen?" In diesem Beispiel sind die Gefühle die gleichen, da die erste Aussage wahrscheinlich mit der Absicht geäußert wurde, jemanden aufzumuntern und zu helfen, aber das zweite Beispiel bestätigt ausdrücklich, dass die Person, mit der du sprichst, Hilfe braucht und dass du bereit bist, diese zu geben.

Es mag unbedeutend und trivial erscheinen, aber das direkte Anerkennen des Schmerzes und der Probleme einer Person - auch wenn es sich unangenehm anfühlen mag - ist manchmal alles, was die Person braucht. Vor allem, wenn man zu viel nachdenkt. Als Überdenker neigen wir dazu, unsere eigenen Gefühle und Emotionen zu verallgemeinern und herunterzuspielen - oder sie zu übertreiben - bis zu dem Punkt, an dem wir wissen, dass wir Hilfe brauchen, aber nicht bereit sind, darum zu bitten. Wenn wir dann mit toxischer Positivität in der Form konfrontiert werden, dass wir tatsächlich das Gefühl haben, dass unsere Gefühle ignoriert werden, schalten wir ab und versuchen nicht, weiter um Hilfe zu bitten.

Tagebuchführung

Das Führen eines Tagebuchs, sei es auf einem Notizblock, einem Dokument oder einer aufgezeichneten Sprachnotiz, ist eine großartige Möglichkeit, eine Perspektive auf Dinge zu gewinnen, die dir auffallen, die dir Sorgen bereiten oder die du gerade erst als wichtige Momente der Selbstreflexion erkannt hast. Diese Angewohnheit wird auch beim Lesen dieses Buches von großem Nutzen sein, da sie dir hilft, eine Perspektive zu gewinnen und deine übermäßigen Denkgewohnheiten und die Dinge, auf die du dich persönlich konzentrieren musst, wirklich einzugrenzen.

Die Kapitel in diesem Buch enthalten jeweils einen Abschnitt, in dem du aufgefordert wirst, über das Gelesene nachzudenken und darüber, wie es direkt mit dir zusammenhängt. Wenn du diese Fragen beantwortst und darüber nachdenkst, musst dueinige Dinge beachten. Erstens sollen diese Tagebücher ein Gesamtbild deines Lebens, seiner Ereignisse und deiner Gedanken, Gefühle und Introspektionen vermitteln. Das bedeutet, dass es völlig in Ordnung ist, wenn du dich auf eine lange Tangente begibst und vergisst, was du sagen wolltest, oder eine alte, schmerzhafte Erinnerung wieder aufleben lässt. Manchmal hilft es uns, unser Herz auf einem Blatt Papier auszuschütten, einschließlich dieser seltsamen Gedankengänge, um eine Klarheit zu erlangen, die wir sonst nie erreichen würden. Fange also an Tagebuch zu führen. Zweitens werden diese Momente des Tagebuchschreibens viele introspektive Momente hervorbringen. Das bedeutet, dass du deine eigenen Emotionen und das "Warum" dahinter genau unter die Lupe nehmen musst. Du wirst das "Warum" vielleicht nicht immer ganz verstehen, aber wenn du anfängst, auf diese Weise zu denken, wird es dir auf jeden Fall helfen, herauszufinden, wo und wie Überdenken in deinem täglichen Leben verwurzelt ist.

Ehrlich sein

Beim Überdenken sind wir nicht immer sicher, was die tatsächliche Wahrheit ist, denn unser Gehirn hat wahrscheinlich alles so durcheinander gebracht, dass nichts mehr klar ist und wir das Gefühl haben, über dem Boden zu schweben. Wenn es um das Führen eines Tagebuchs geht oder um irgendeinen anderen Teil dieses Prozesses, musst du ehrlich zu dir selbst sein, wenn es darum geht, wo du dich in deinem Überdenkungsprozess befindest. Sich selbst zu belügen, Warnzeichen im eigenen Gehirn zu ignorieren oder diese Gefühle zu verdrängen, wird nicht hilfreich sein. Es gibt einen Unterschied zwischen Beharrlichkeit und dem Ignorieren eines eindeutigen Warnzeichens. Denk daran, dass niemand dieses Tagebuch sehen muss und auch niemand wirklich sehen sollte (es sei denn, du willst es mit anderen teilen). Lass also die hässliche Wahrheit heraus, denn wenn du nicht einmal in deinem eigenen Tagebuch ehrlich bist, wirst du nie ehrlich zu dir selbst sein, und viele der Anregungen und hilfreichen Ideen und Vorschläge in diesem Buch werden dir nicht helfen. Dazu gehört auch, dass du dir erlaubst, bestimmte Gefühle zu empfinden und auszudrücken, auch wenn du weißt, dass sie in keinem Verhältnis zu der Situation stehen oder du nicht ganz verstehen kannst, warum du dich in einer bestimmten Weise fühlst.

Es kann eine Weile dauern, bis du anfängst, zwischen diesen Dingen zu unterscheiden. Am Anfang wirst du zu viel grübeln. Sei auch in diesem Punkt ehrlich. Wenn du auf diesem Weg nicht ehrlich zu dir selbst bist, dann lässt du ein weiteres Schlupfloch zu, das dein überdenkendes Gehirn ausnutzen könnte.

Es ist zwar schmerzhaft, chaotisch und bringt manchmal Dinge ans Licht, die wir uns nicht eingestehen wollen, aber Ehrlichkeit und Entschlossenheit sind der Schlüssel zur Veränderung. Die Entschlossenheit hast du bereits, denn du liest dieses Buch. Das mit der Ehrlichkeit ist vielleicht etwas schwieriger, aber du kannst es schaffen.

Menschlich sein

Es mag seltsam klingen, aber mache dich darauf gefasst, dass du ein Mensch bist. Das bedeutet, dass bestimmte Abschnitte dieses Buches chaotisch sein können, keinen Spaß machen werden und du vielleicht auf Teile von dir selbst oder auf Denkweisen stoßen wirst, die du nicht magst. Du musst nichts davon mögen, aber du musst es annehmen und diese Eigenschaften nutzen, um dich selbst voranzubringen. Wenn du dir erlaubst, menschlich zu sein, wird das hoffentlich die offene Tür darstellen, die du benötigst, um diese Denkweise und dieses Zugeständnis in Bezug auf deine persönlichen Standards weiter zu festigen.

Dies wird eine Reise sein

Auch wenn es vielleicht nicht gesagt werden muss, da es in diesem Buch um das Überdenken geht, ist es das Risiko wert, dich daran zu erinnern: Diese Reise wird sich lohnen, und du bist nicht allein. Überdenken ist leider weit verbreitet, vor allem bei jüngeren Generationen. Lasse dich nicht von übertriebenem Denken und negativen Gedankengängen davon überzeugen, dass du allein bist. Das bist du nicht. Du kannst es schaffen, und du bist komplett in der Lage dazu. Vielleicht gelingt es dir nicht auf Anhieb, und du musst es vielleicht mehrmals versuchen und neu anfangen. Aber die Reise wird sich lohnen.

Hilfe erhalten

Scheue dich nicht davor, professionelle Hilfe in Anspruch zu nehmen, wenn du glaubst dass du sie brauchst. Du brauchst dich nicht zu schämen, wenn du zugibst, dass du jemanden brauchst, der ständig in deinem Leben ist, um dir zu helfen, und die Bezahlung eines zugelassenen Therapeuten oder Beraters ist ein sicherer Weg, dies zu tun.

Wie auch immer du dich entscheidest, diese Reise fortzusetzen, es ist keine Schande, was du getan hast, und du kannst es deinen Bedürfnissen entsprechend ändern.

KAPITEL 1

Überdenken ist die Wurzel von allem

Das mag fast zu simpel klingen, als dass dieses Buch so intensiv werden könnte (wenn es nicht schon an diesem Punkt angelangt ist), aber übermäßiges Nachdenken ist höchstwahrscheinlich die Ursache für viele Probleme in deinem Leben. Sogar solche, an die du noch gar nicht gedachst hast.

Haben deine Freunde, deine Familie oder dein Partner/deine Partnerin zum Beispiel gesagt, dass du nicht präsent bist, oder hast du Gespräche mit ihnen aufgeschoben? Hast du dir vorgenommen, bestimmte Dinge zu tun - die eigentlich nicht viel Zeit in Anspruch nehmen sollten -, die du aber scheinbar nie erledigst?

Es gibt viele kleine, scheinbar harmlose Beispiele wie die oben genannten, die in Wirklichkeit darauf zurückzuführen sind, dass du zu viel nachdenkst; eine Form der Lähmung. (Oder du könntest einfach nur ein Prokrastinierer sein oder viele andere logische Gründe haben, warum diese Dinge nicht geschehen sind).

Aber du hast dieses Buch gekauft.

Falls du unsicher bist oder konkrete Beispiele dafür suchst, wie Überdenken aussehen könnte, wird dieses Kapitel genau das behandeln. Wir werden durchgehen, was Nachdenken über das Denken ist, wie es mit Überdenken zusammenhängt, und dann einige Symptome und Ursachen für Überdenken durchgehen.

Nachdenken über das Denken

Es mag etwas seltsam klingen, aber das Nachdenken über das Denken ist ein guter Weg, um festzustellen, ob du ein Überdenker bist. Lass uns das ein wenig aufschlüsseln. Wenn es um Überdenken geht, sieht das Nachdenken über das Denken so aus, dass du deine Gedanken ständig zwanghaft überanalysierst. Es könnte sogar so weit gehen, dass du dies unbewusst in nicht stressigen Situationen tust. Es ist zu einer Gewohnheit geworden. Eine Gewohnheit, die eigentlich ziemlich anstrengend ist und auf Dauer weder deinem Gehirn noch deinen Gefühlen noch dir selbst gut tut.

Schlimmer noch, das Nachdenken über das Denken könnte harmlos aussehen oder sogar als produktiv ausgegeben werden, weil man über seine Gedanken nachdenkt und darüber, wie man mit diesen Gedanken umgeht. Der Hauptunterschied zwischen einem Überdenker, der über das Denken nachdenkt, und jemandem, der tatsächlich versucht, sich seiner Gedanken bewusster zu werden, besteht jedoch darin, was er daraus macht (was zu einem allgemeinen Trend beim Vergleich von Überdenkern mit Nicht-Überdenkern wird). Ein Überdenker nutzt beispielsweise das Nachdenken über das Denken, um einen negativen Kreislauf fortzusetzen und beginnt, zwanghafte Gedanken über sein Denken zu entwickeln. Im Vergleich dazu nimmt ein Nicht-Überdenker, der über das Denken nachdenkt, seine Gedanken bewusst wahr, um Gewohnheiten zu ändern, die er versehentlich geschaffen hat.

Betrachten wir das folgende Beispiel:

Amy hatte einen anstrengenden Tag auf der Arbeit und eine ziemlich hitzige Unterhaltung mit ihrer Freundin Anne am Ende des Tages. Der Konflikt wurde zwar gelöst, aber Amy hat das Gespräch für den Rest der Woche immer und immer wieder in ihrem Kopf durchgespielt mit der Folge, dass sie begann, an ihren Entscheidungen, Worten und sogar an ihrer Freundschaft mit Anne zu zweifeln, obwohl sie den Konflikt noch am selben Tag gelöst hatten.

Im Vergleich dazu betrachtete Anne ihren Konflikt mit Amy und begann, ihr Gespräch aufzuschlüsseln, um zu sehen, wo sie die Dinge besser hätte handhaben können. Anne war in der Lage, verantwortungsbewusst zuzugeben, was ihr Fehler war, was sie hätte besser machen können und was in dem ganzen Szenario nicht ihre Schuld war. Anne begann zu erkennen und darüber nachzudenken, wo sie ihre zwischenmenschlichen Fähigkeiten verbessern könnte, und begann, Gewohnheiten zu entwickeln, um diese Reaktionen für zukünftige Konflikte zu ändern.

Amy nutzte ihr Nachdenken über das Denken, um einen negativen Kreislauf über sich selbst und ihre Beziehung in Gang zu setzen, was wiederum zu ihrer Gewohnheit des Überdenkens beitrug. Im Vergleich dazu nutzte Anne das Nachdenken über ihre Denkweise, um sich Klarheit darüber zu verschaffen, wie sie ihre Beziehung zu Amy in Zukunft verbessern könnte.

Was Anne in diesem Beispiel getan hat, nennt man "Metakognition".

Das ist die Kunst, die eigenen Gedanken und Handlungen zu regulieren und zu verändern, um bewusst eine Form von erhöhter Selbstwahrnehmung zu schaffen. Metakognition ist zwar eines der Endziele dieses Buches, aber sie ist nicht das, was Überdenker im Allgemeinen anstreben, wenn sie zu viel nachdenken. Überdenker nutzen das Nachdenken über das Denken, um sich ständig zu quälen und ihre Gedanken und Handlungen bis zu dem Punkt zu analysieren, an dem sie beginnen, Selbstzweifel, Sorgen, Ängste und vielleicht sogar Depressionen zu entwickeln.

Wenn du das tust, mach dir keine Sorgen. Wir werden noch auf andere Anzeichen und Erscheinungsformen des Überdenkens eingehen, aber die Erwähnung des Nachdenkens über das Denken war wirklich der Aufhänger, um einige von euch, die sich nicht sicher waren, ob sie tatsächlich ein Überdenker sind oder nicht, dazu zu bringen, einige eurer mentalen Gewohnheiten und Reaktionen zu hinterfragen.

Anzeichen dafür, dass du ein Überdenker bist

In diesem Abschnitt werden wir die Anzeichen für einen Überdenker erörtern und Beispiele dafür geben, wie sich diese Art des Denkens und Handelns äußern kann. Jeder Abschnitt enthält auch Beispiele von Nicht-Überdenkern, um zu verdeutlichen, wo das Überdenken beginnt, die Macht über eine relativ normale Denkweise zu übernehmen.

Zwanghafte und ängstliche Gedanken

Wenn du dich in einer stressigen Situation befindest, z. B. bei einem Arbeitsprojekt, bei der Entscheidung, eine Beziehung zu beenden, oder bei der Vorbereitung auf eine Konfrontation mit einer nahestehenden Person, ist es völlig normal, natürlich und gesund, sich darüber Gedanken zu machen und ängstlich zu sein - solange sich diese Gedanken auf die unmittelbare Vor- und Nachbereitung des jeweiligen Szenarios beziehen.

Warum ist das gesund? Weil es zunächst einmal nur für einen kurzen Zeitraum gilt. Die Zeit davor und danach . In diesen Zeiten bereitest du dich auf eine relativ traumatische oder stressige Situation vor und baust danach deinen durch diese Situation ausgelösten Endorphinrausch wieder ab. Unabhängig davon, ob du tatsächlich in einer solchen Situation bist oder nicht, bereitet dich dein Gehirn mental auf einen Krieg vor. Du brauchst all diese übersteigerten Emotionen, um das Ereignis zu überstehen und danach zu überleben.

Das Problem ist, wenn diese zwanghaften und ängstlichen Gedanken in keinem Zusammenhang mit einem unmittelbaren Auslöser für Stress stehen. Vielleicht denkst du ständig über ein bestimmtes Gespräch oder ein bestimmtes Szenario nach, oder du machst dir ständig Sorgen darüber, was passieren könnte, was die Leute denken oder was sie getan haben. Man kann es auch so sehen, dass du dir ständig Sorgen machst.

Sich Sorgen zu machen ist an sich schon eine relativ häufige psychische Störung, aber es gibt eine Zeit und einen Ort, an dem man sich Sorgen machen sollte. Zum Beispiel, wenn Sie im Krankenhaus liegen oder eine wichtige Besprechung vor sich haben. Das sind definitiv Momente im Leben, in denen man sich Sorgen machen sollte. Auch die leise Sorge, ob die Eltern deines Partners dich mögen werden, oder ganz allgemein, wenn du jemand Neues kennenlernst, ist normal und natürlich.

Zwanghaftes und ängstliches Denken und Sorgen sind es jedoch nicht. Was es noch schlimmer macht, ist, dass wir diese Sorgenzyklen und zwanghaften und ängstlichen Gedanken oft als mentale "Erleichterung" nutzen. Wir glauben, dass wir uns auf das Kommende vorbereiten können, wenn wir nur oft genug an diese Dinge denken, und dass dies auf magische Weise unsere Sorgen und Ängste vor der ungewissen Zukunft verhindert (Stein, o.d.). Das Problem ist, dass die Lösung, die unser Gehirn gefunden hat, genau die Gedanken fördert, die unsere Sorgen noch verschlimmern.

Das mag ein wenig verwirrend gewesen sein. Betrachten wir dieses Beispiel:

June macht sich ständig Gedanken über ihre Zukunft. Um sich

darauf vorzubereiten, denkt sie ständig darüber nach. Insbesondere denkt sie darüber nach, wie ihr Tag verlaufen wird, welche Art von Interaktionen sie mit ihren Kollegen haben wird und wie das Abendessen mit ihrer Familie verlaufen wird. Aber anstatt über ihr allgemeines, ziemlich unbeschwertes Leben nachzudenken, stellt sich June in Gedanken ständig Auseinandersetzungen mit ihren Freunden, ihrer Familie und ihren Arbeitskollegen vor, um sich auf diese Konfrontationen "besser vorzubereiten".

Es ist schön und gut, sich auf eine Konfrontation vorzubereiten, wenn man weiß - oder annimmt -, dass eine solche bevorsteht. Wenn du weißt, dass dein Chef ein ernsthaftes Gespräch mit dir führen wird, ist es normal und zu erwarten, dass du dich selbst aufputschen oder deine vergangenen Arbeitsprojekte durchgehst, um vorbereitet zu sein. Wenn du glaubst, dass du ein unangenehmes Gespräch mit deinen Eltern haben wirst, ist es normal, im Geiste durchzugehen, was sie sagen könnten und wie du dich verteidigen wirst. Ist dir aufgefallen, dass all diese Dinge in der unmittelbaren Vorbereitungsphase stattfinden? Bei Junes Beispiel gab es diesen Aufbau nicht. Es war ihre tägliche Mentalität.

Diese Art des Denkens ist anstrengend und bringt dein Gehirn dazu, negative Denkmuster in Bezug auf Konflikte und andere Bereiche deines Lebens zu entwickeln. Erinnerst du dich an die

Einleitung und den Abschnitt über das Gehirn? Je mehr du über etwas nachdenkst, desto stärker werden diese Gedanken und Erinnerungen in deinem Bewusstsein, wodurch sich die chemischen Reaktionen in deinem Körper verstärken.

Das ist alles schön und gut, wenn es sich um glückliche oder gute emotionale Reaktionen auf gesunde Situationen handelt, aber wenn es um Situationen geht, die nicht eingetreten sind, fangen wir an, eine Menge geistiger Energie auf Dinge zu verschwenden, die nicht so viel geistige Leistung verdient haben. Außerdem bereiten wir uns nicht wirklich auf irgendetwas vor. Wir überwinden nicht einmal die Sorgen, die wir ursprünglich beseitigen wollten.

Erinnerung

Wenn du etwas von dem, was oben gesagt wurde, verstanden hast, denk daran, zu atmen. Es ist in Ordnung, wenn dir das passiert. Der erste Schritt ist Bewusstsein, und das hast du jetzt.

Nimm dir einen Moment Zeit, wenn es nötig ist, und lass uns weitermachen.

Schmerzhaftes Grübeln

Es wird immer wieder Momente geben, in denen wir uns an einen peinlichen Moment in unserer Kindheit, Jugend oder als junge Erwachsene erinnern, in denen wir bewusst eine Entscheidung getroffen haben, die im Nachhinein betrachtet vielleicht nicht die beste war. In Gehirnen, die nicht zu viel nachdenken, kommen solche Momente jedoch nur sehr selten vor und werden oft mit einem leichten Schulterzucken und der Fähigkeit, das Ereignis hinter sich zu lassen, in Erinnerung behalten.

Überdenker hingegen durchdenken schmerzlich verschiedene Momente in ihrem Leben und lassen diese wieder aufleben, auch wenn diese Momente vielleicht gar keiner Erinnerung wert sind. Allerdings hat ihr Gehirn diese Art des Denkens inzwischen zur Gewohnheit gemacht, und sie sind sich vielleicht nicht einmal bewusst, was sie da tun. Darüber hinaus grübeln sie auf schmerzhafte Weise, d. h. sie überdenken ihre Gedanken wiederholt über jeden einzelnen Aspekt der Situation, wobei sie Emotionen wie Bedauern, Selbstverachtung und Selbstvorwürfe einsetzen (Welle (www.dw.com), 2020).

Überdenker tun dies ständig. Sie erinnern sich ständig an schmerzhafte Erinnerungen und überanalysieren Szenarien, die nicht mehr unter ihrer Kontrolle stehen und für die es keine Lösung gibt. Nun gibt es eine klare Grenze zwischen der Betrachtung eines aktuellen Szenarios im Nachhinein und dem Eingeständnis, was man hätte besser machen können, und dem schmerzhaften Grübeln über etwas.

Nehmen wir zum Beispiel an, du hast kürzlich eine Trennung hinter dir. Viele Menschen sind sich einig, dass es eine angemessene Zeitspanne gibt, in der es gesellschaftlich akzeptabel ist, die eigene Schuld an der Trennung zuzugeben. Dinge zu sagen wie "Das war mein Fehler" oder "Im Nachhinein hätte ich es besser machen können" und diese Überlegungen dann zu nutzen, um sich besser auf die nächste Beziehung vorzubereiten, ist keineswegs ein schmerzhaftes Grübeln über die Trennung. Wenn du jedoch über eine Trennung mit Gedanken wie "Ich hätte mehr Unterstützung leisten sollen", "Ich habe meinen Seelenverwandten verloren" oder "Ich bin nicht liebenswert" nachdenkst, dann handelt es sich bei diesen Gedanken leider zu hundert Prozent um schmerzhaftes Grübeln und Überdenken (Welle (www.dw.com), 2020).

Der Unterschied

Falls du noch immer unsicher bist, lass uns die beiden folgenden Beispiele näher betrachten. Im ersten Fall gestehen sich die Partner ein, was sie falsch gemacht haben, ohne die jeweils andere Person zum Engel in der Beziehung zu machen. Sie haben klar definiert, was sie falsch gemacht haben und was sie an sich selbst ändern könnten.

Im zweiten Beispiel konzentriert sich eineder Personen nicht darauf, wie sie sich selbst verbessern könnte, sondern vielmehr darauf, wie unattraktiv sie körperlich und emotional ist, da sie keinen Partner mehr hat.

Ein großartiges Gegenmittel dafür, wie es ein Freund perfekt beschrieben hat, ist: "In den Garten gehen und Würmer essen." Manchmal sind Überdenker so sehr im negativen Kreislauf ihrer eigenen Gedanken gefangen, dass sie anfangen, sich in eine Spirale zu begeben, in der sie sich ungeliebt und unwürdig fühlen, sodass sie genauso gut in den Garten gehen und Würmer essen könnten, weil niemand sie aufhalten wird. Diese Art des Denkens ist das Ergebnis von schmerzhaftem Grübeln, denn wir, die wir zu viel denken, grübeln schmerzhaft über selbstabwertende Gedanken bis zu dem Punkt nach, an dem wir sie glauben.

Nochmals: Wenn dudas bist, brauchst du dich nicht zu schämen. Du bist der Liebe, der Zuneigung und der Tatsache, dass jemand das Beste für dich will, würdig. Du bist es wert, das Beste zu wollen und das Beste zu bekommen. Lass das schmerzhafte Grübeln nicht gewinnen, es ist ein mühsamer Kampf, aber gemeinsam können wir es schaffen.

Perfektionismus

Perfektionismus ist etwas, das viele von uns unbewusst

anstreben. Wir wollen in diesem Hobby perfekt sein, wir wollen für unseren Partner perfekt sein usw. Vielleicht erscheint es dir nicht einmal wie Perfektion. Man könnte es einfach als den Wunsch bezeichnen, sein "Bestes" zu geben. Und das Beste ist in Ordnung, denn das Wort und die Umgangssprache für diese Redewendung bedeuten im Allgemeinen, dass sich dein Bestes mit dir verändert. Nehmen wir zum Beispiel an, du fängst mit dem Laufen an. Dein Bestes zu geben und zu tun, kann am Anfang eine kurze Strecke sein oder kürzere Laufintervalle. Doch je mehr du trainiert, desto größer wird deine Fähigkeit, längere Strecken und ohne Pausen zu laufen, so dass dein Bestes mit deinem Körper wächst.

Der Perfektionismus hingegen wächst nicht mit dir.

Er schränkt dich ein. Im Kern ist Perfektionismus das Bedürfnis, perfekt zu sein oder perfekt zu erscheinen, oder zu glauben, dass Perfektion überhaupt möglich ist. Wenn es um Perfektion im Zusammenhang mit übertriebenem Denken geht, gibt es zwei Hauptprobleme. Das erste besteht darin, dass viele Menschen glauben, dass es so etwas wie einen "gesunden Perfektionismus" gibt, um diese Art von Verhalten zu rechtfertigen. Eingesunder Perfektionismus lässt sich jedoch besser mit dem beschreiben, was wir gerade besprochen haben: Wir versuchen, unser Bestes zu geben. Der größte Unterschied zwischen Perfektionismus und dem Versuch, sein Bestes zu geben, besteht darin, dass man, wenn man sein Bestes gibt, bereit ist, zuzugeben, dass das Beste vielleicht nicht perfekt ist und dass man sich dem Scheitern aussetzt. Diese Art von Verwundbarkeit fällt jedem schwer, aber wenn man sie mit Überdenken paart, wird die Verwundbarkeit, die erforderlich ist, wenn man sein Bestes versucht, fast lähmend, da sie das Gehirn zwingt, darüber nachzudenken, wie man versagen könnte.

Damit sind wir beim zweiten Problem. Wenn du dich für Misserfolge öffnest - d. h., du lässt zu, dass du verletzlich bist -, wird der Schutzschild des Perfektionismus entfernt (Good Therapy, 2019). Klingt seltsam, oder? Denk darüber nach. Wenn du zu viel nachdenkst, kämpft dein Gehirn gegen mehrere Dinge gleichzeitig. Du kämpfst mit deinen eigenen Gefühlen der Unzulänglichkeit und mit möglicherweise jahrelangem Training deines Gehirns, negativ über sich selbst zu denken, während du gleichzeitig versuchst, verletzlich genug zu sein, um dir selbst und anderen gegenüber deine Fehler einzugestehen. Das lässt den Schutzschild des Perfektionismus viel sicherer und einfacher erscheinen, weil du dich immer noch anstrengen - oder zumindest glauben, dass du das tun -, um dich zu verbessern, ohne dich dabei möglicherweise zum Narren zu machen.

Das Problem ist, dass es fast unmöglich ist, Perfektionismus ständig aufrechtzuerhalten, und dass es definitiv anstrengend ist, ihm nachzueifern. Außerdem bringt Perfektionismus eine ganze Reihe neuer Probleme mit sich, die mit dem Überdenken einhergehen, wie z. B. die Lähmung bei der Entscheidungsfindung und die Informationsüberlastung.

Wie ist das möglich?

Nun, zunächst einmal sind Perfektionismus, die Lähmung bei der Entscheidungsfindung und Informationsüberlastung alle auf den ständigen Gedanken zurückzuführen, dass wir nicht gut genug sind. Wir sind nicht gut genug in diesem Hobby, wir werden nicht schnell genug besser usw., und wenn wir diesen angeborenen Glauben haben, dass wir perfekt sein müssen, dann werden wir natürlich eine Art Lähmung entwickeln, wenn wir wissen, dass wir diesen Perfektionismus nicht sofort erreichen können. Unser Gehirn ist zu sehr damit beschäftigt, darüber nachzudenken, wie wir das Ziel erreichen können und wie wir die physischen Handlungen, an die wir denken, beim ersten Mal so perfekt wie möglich gestalten können. Außerdem wird unser Gehirn von all den Informationen überlastet, die wir in es hineingestopft haben, um zu versuchen, das Szenario zu verarbeiten und gleichzeitig herauszufinden, wie wir es im ersten Anlauf perfekt machen können.

Und nicht zu vergessen die Lähmung, die mit dieser Art von Denken einhergeht. Alles, was bis jetzt beschrieben wurde, klingt ziemlich überwältigend. Das ist genau das, was passiert. Dein Gehirn ist so voll mit allen möglichen Szenarien, deinen Ängsten, deinen Wünschen und seiner Unfähigkeit, auf eine neue Art zu denken (aufgrund deiner Gewohnheit zu Überdenken), dass es anfängt, sich zu lähmen und abzuschalten. Das kann sich so anfühlen, dass du plötzlich erstarrst oder keine Entscheidung treffen kannst, weil du einfach nicht in der Lage bist, eine legitime Entscheidung zu treffen.

Das ist zwar das, was in einem überdenkenden Gehirn passiert, aber auch nicht-überdenkende Gehirne erleben Ereignisse, bei denen sie ebenfalls perfekt sein wollen. Ein gutes Beispiel dafür ist der Begriff "Brautzilla". Dieser Begriff beschreibt eine Frau, die normalerweise recht vernünftig ist, aber in Zusammenhang mit ihrer Hochzeit zu einem absoluten Monster geworden ist. Alles muss genau so sein, und alles muss perfekt sein. Auch wenn dieses Beispiel sehr spezifisch ist, zeigt es doch, dass Perfektionismus manchmal nichts mit übertriebenem Denken zu tun hat, sondern eher ein einmaliger Wunsch ist, der durch etwas ganz anderes motiviert ist. Es mag immer noch nicht besonders gesund sein, aber wenn dein Perfektionismus mit einem einmaligen Szenario zusammenhängt, das sich nicht wiederholt, oder wenn du dieses Bedürfnis nach Perfektionismus nicht bei jedem einmaligen Szenario wiederholst, dann manifestiert sich dein Überdenken höchstwahrscheinlich nicht in Form von Perfektionismus.

In ähnlicher Weise erlebt jeder Mensch irgendwann einmal eine Hirnlähmung, wahrscheinlich sogar mehrmals. Adrenalinsportler erleben sie fast regelmäßig, da ihr Gehirn nicht mit dem Schritt halten kann, was ihr Körper tut, und sie sich auf ihren Instinkt und ihre eingeübte Entscheidungsfindung verlassen müssen, um sicherzustellen, dass ihr Körper das tut, was in der jeweiligen Situation notwendig ist. Überdenker hingegen erleben diese Art von Lähmung fast täglich, und das nicht einmal in Situationen, die durch Adrenalin ausgelöst werden.

Warum?

Weil ihr Gehirn so sehr damit beschäftigt ist, Wege zu finden, um den angeborenen Wunsch nach Perfektion aufrechtzuerhalten, während sie gleichzeitig alle möglichen Informationen analysieren (zusammen mit mentalen Szenarien und Playalongs).

Auch dies sind alles Anzeichen dafür, dass du ein Überdenker bist, aber du musst nicht alle diese Anzeichen haben. Es kann sein, dass du eine Kombination von ihnen erlebst oder dass einige von ihnen nur in relevanten Situationen sichtbar werden. Der Punkt ist, dass du ein Überdenker bist, weil du buchstäblich über alles nachdenkst, auch darüber, ob du ein Überdenker bist oder nicht.

Zusammenfassend lässt sich sagen, dass der Kreislauf folgendermaßen abläuft: Als Überdenker verfällst du in den Perfektionismus, weil du nicht verletzlich für andere Menschen wirken willst, ganz gleich, um welches Hobby oder Szenario es sich handelt (oder vielleicht ist es überall in deinem Leben so).

Weil du dann zu sehr versuchst, perfekt zu sein, entwickelst du eine Informationsflut darüber, wie du diese Perfektion während deines Handelns aufrechterhalten kannst, was dann zu einer Lähmung bei jeglicher Entscheidungsfindung führt, weil dein Gehirn zu sehr damit beschäftigt ist, alle Informationen zu verarbeiten und zu analysieren, um deine beste Chance herauszufinden, um die gewünschte Perfektion zu erreichen.

Besessenheit

Wie in anderen Abschnitten bereits angedeutet wurde, besteht ein enger Zusammenhang zwischen Überdenken und Besessenheit. Beim Überdenken neigen wir dazu von unseren Gedanken besessen zu sein. Dabei kann es sich um die Frage handeln, was wir falsch gemacht haben, wie wir unsere Unvollkommenheit verbergen können, wie wir perfekt bleiben können usw. Egal, was der eigentliche Gedanke ist, er ist in der Regel negativ, und das ist ehrlich gesagt nicht die beste Sache, über die man sich Gedanken machen sollte.

Bevor man sich zu sehr ärgert oder aufregt, sollte man bedenken, dass die Zwangsgedanken zu diesem Zeitpunkt eher eine Gewohnheit oder ein unterbewusster Gedanke sind, der dann ins Bewusstsein gebracht wird, als eine aktive Entscheidung. Sobald sich das Gehirn daran gewöhnt hat, bestimmte Assoziationen herzustellen, wird es automatisch damit beginnen, diese Assoziationen herzustellen, ob wir es wollen oder nicht; dazu gehört auch die Besessenheit von dem, was uns in den Sinn kommt.

Das Problem dabei ist, dass sich das Gehirn von Menschen, die zu viel nachdenken, daran gewöhnt, viel geistige Energie mit Gedanken zu verschwenden, die nicht überprüft werden müssen. Das klingt zwar hart, ist aber wahr. Ein negatives Szenario oder einen negativen Gedanken kurz und bündig durchzugehen, um ihn zu analysieren und bessere Entscheidungen zu treffen, ist ein guter Weg, um selbstregulierende Verhaltensweisen zu erlernen und zu üben. Überdenker tun dies jedoch nicht kurz und bündig und auch nicht mit dem Ziel, sich tatsächlich zu verbessern. Vielleicht hast du diese Absicht, und sagst dir das vielleicht auch, wenn du ein Szenario zum hundertsten Mal durchgehst. Aber stell dir einmal diese Frage: Wird mir die Wiederholung dieses Szenarios wirklich helfen, besser zu werden, oder benutze ich es als Vorwand, um mich auf alles Negative in meinem Leben und an mir zu konzentrieren?

Wenn du diese Frage mit "Ja" beantwortet hast, lass dich nicht entmutigen, denn du weißt jetzt, was du tust und warum. Nimm dir einen Moment Zeit und atme durch, denn das haben wir alle schon einmal erlebt. Sogar Nicht-Überdenker haben Momente oder Phasen, in denen sie etwas, das als gesundes Verhalten getarnt ist, dazu benutzt haben, ungesunde Gewohnheiten zu ermöglichen. Aber jetzt, wo du dir dessen bewusst bist, kannst du es stoppen.

Im Allgemeinen ist Besessenheit etwas, das entweder gut oder schlecht sein kann; es hängt von der Besessenheit ab und davon, wie sie dein Leben beeinflusst. Es hängt davon ab, wie sie sich auf dein Leben auswirkt. Sogar eine Besessenheit von körperlicher Fitness, die so weit geht, dass du den Rest deines Lebens und deine Pflichten vernachlässigst, ist ungesund. Das Gleiche gilt für zwanghafte Gedanken. Manchmal ist es normal, von einer bestimmten Art oder Denkweise gefangen zu sein. Doch wer zwanghaft denkt, denkt ständig über die negativen Dinge in seinem Leben nach und ist ein Beispiel für jede andere Art des Denkens, über die wir bisher gesprochen haben.

Immer in Frage stellen

Wie du wahrscheinlich schon erraten hast, ist es manchmal

hilfreich, Fragen zu stellen, wenn es eine positive Art zu denken oder zu sein ist. Zum Beispiel, wenn du an einem Arbeitsprojekt arbeitest, wenn du versuchst herauszufinden, was deine Kunden wollen, oder wenn du irgendeine Art von Klärung für unmittelbare Situationen brauchst. Das Problem bei Überdenkern ist, dass dieses ständige Hinterfragen nicht nur in positiven und erforderlichen Bereichen auftritt. Du stellst dich selbst und die Menschen in deinem Umfeld immer wieder in Frage, um herauszufinden, was im Moment notwendig ist. Ein gutes Beispiel dafür ist die ständige Frage, ob dein Partner dich wirklich liebt, oder die Frage, warum deine Eltern bereit sind, dir zu helfen.

Das Infragestellen von Liebesakten oder sogar von grundlegenden gesellschaftlichen Nettigkeiten ist ein Zeichen von Überdenken, denn du stellst Dinge in Frage, die keinen Hinweis darauf gegeben haben, dass diese Art von Frage notwendig ist. Im Allgemeinen stellen Nicht-Überdenker nicht in Frage, ob diese Handlungen der Liebe, des Dienens oder der gesellschaftlichen Annehmlichkeiten verdient sind oder ob sie sie verdient haben. Überdenker hingegen tun das oft. Das ist nicht in Ordnung, denn es bringt dich in eine ständige Stresssituation. Aber keine Sorge, wir werden gemeinsam weiter dagegen ankämpfen und dir Wege aufzeigen, wie du diese Fragen in gesunde und positive Denkweisen umwandeln kannst.

Stopp

Wenn du ein Überdenker bist, besteht eine gute Chance, dass du plötzlich alles, was du bisher gelesen hast, überdenken und vielleicht dich selbst, deine Realität, deine Gedanken und vielleicht sogar deine Absichten in Frage stellst.

Wenn du das tust, nimm dir einen Moment Zeit zum Durchatmen.

Denk daran, dass dieses Kapitel dir helfen soll, dich zu vergewissern, dass du zu viel nachdenkst, und die Grundlage dafür zu schaffen, dass du bemerkst, wann und wie du zu viel nachdenkst.

Selbstzweifel

Ah, Selbstzweifel. Diese Art des Denkens ist allgegenwärtig und kann als Wurzel für viele andere Formen des Denkens angesehen werden, die bisher besprochen wurden. Was ist das also? Der Begriff ist eigentlich selbsterklärend, aber für den Fall, dass er dir nicht geläufig ist (was völlig in Ordnung ist), bedeutet Selbstzweifel, dass du an dir selbst zweifelst. In Bezug auf das Überdenken geht diese Art von Zweifeln so weit, dass du anfängst, Dinge in Frage zu stellen, von denen du weißt, dass du sie tun kannst, bis zu dem Punkt, an dem du selbstkritisch und selbstzerstörerisch wirst.

In manchen Situationen, z. B. bei einem neuen Job, einem neuen Hobby oder einer neuen Beziehung, sind Selbstzweifel und Zweifel an den eigenen Fähigkeiten eine natürliche und normale Reaktion. In gesunden Szenarien kannst du durch dein persönliches Wachstum und deine Problemlösungsfähigkeiten aktiv gegen auftretende Selbstzweifel vorgehen. Nehmen wir zum Beispiel an, du zweifelst daran, ob du eine neue Stelle behalten kannst. Du kämpfst dich jedoch durch diese Zweifel hindurch und beginnst mit der Zeit, sie zu überwinden, weil du in der Lage bist, deine Problembereiche zu erkennen und sie proaktiv anzugehen. Im Vergleich dazu nutzen Überdenker ihre Selbstzweifel als Mittel, um in ihre vorherrschenden Denkmuster zu verfallen. Anstatt nach proaktiven Lösungen zu suchen, um zu beweisen, dass sie etwas tun können, werden sie von ihren Selbstzweifeln überwältigt und besiegt, bis zu dem Punkt, an dem sie nicht mehr in der Lage sind, über ihre eigenen mentalen Zyklen hinauszusehen.

Dennoch sind Selbstzweifel bei denjenigen, die zu viel nachdenken, unglaublich weit verbreitet und in manchen Fällen schwer zu erkennen und zu bekämpfen. Das liegt vor allem daran, dass sich Selbstzweifel so leicht mit anderen Formen des Überdenkens verbinden, wie z. B. Perfektionismus und schmerzhaftes Grübeln. Selbstzweifel können als ein Tor zu den anderen Formen des Überdenkens angesehen werden, weil das Gefühl des Selbstzweifels so leicht zu allem anderen führen kann, was bisher besprochen wurde. Bei näherer Betrachtung macht das auch Sinn.

Da das Wesen des Selbstzweifels darin besteht, an sich selbst zu zweifeln, bis zu dem Punkt, an dem man erstarrt und vergisst, wie man etwas tun kann, selbst wenn man weiß, dass man es tun kann, ist das Gehirn in der Lage, zusätzlich zu diesen Zweifeln andere negative Denkmuster einzuführen. Und warum? Weil dein Gehirn so sehr daran gewöhnt ist, in negativen Zyklen zu denken. Wenn dein Gehirn bereits daran gewöhnt ist, negativ zu denken, und es an einen Punkt gelangt ist, an dem es - und du selbst - daran zweifelt, etwas Positives tun zu können, dann ist es nur logisch, dass das "Nächstbeste" darin besteht, sich an negativen Denkmustern festzuhalten.

Im Vergleich zu den anderen Formen des Überdenkens ist der Selbstzweifel wahrscheinlich eine der stärksten Formen, die von Überdenkenden verwendet werden, da er oft als Grund dafür verwendet wird, sich aus den oben genannten Gründen nicht weiter zu verbessern.

Nach der Lektüre Atmen

Dieses Kapitel und die vorherigen Abschnitte waren sehr

anstrengend. Deshalb ist es jetzt an der Zeit, durchzuatmen. Wenn du begonnen hast festzustell, dass einige deiner Gedankengänge mit diesem Abschnitt übereinstimmen, ist das in Ordnung. Zu erkennen, wo du zu viel nachdenkst und geistige Energie verschwendst, bedeutet nicht, dass du ein Versager bist, es bedeutet nicht, dass etwas mit dir nicht stimmt, und es bedeutet nicht, dass du nicht in der Lage bist, das zu ändern, wenn du es willst. Bewusstheit ist der erste Schritt, und dieses Kapitel wurde mit der Absicht geschrieben, dich dazu zu bringen, dir deiner selbst bewusst zu werden.

Es bedeutet jedoch, dass du anfangen musst, starke Formen der mentalen Selbstwahrnehmung aufzubauen, die wir in einem späteren Kapitel besprechen werden.

Die wenigen unter euch, die dies lesen, um zu versuchen, Verständnis für einen geliebten Menschen zu gewinnen, der ein Überdenker ist, oder um zu sehen, ob dieses Buch für einen Überdenker hilfreich sein könnte, sollten sich von diesem Kapitel nicht abschrecken lassen. Wie bereits mehrfach gesagt wurde, gibt es viele Situationen, in denen jedes dieser Anzeichen in gelegentlichen Fällen eine gesunde Reaktion darstellt. Das Schlüsselwort hier ist "gelegentlich". Es ist völlig normal, Selbstzweifel zu haben, wenn man eine neue Stelle in einem völlig neuen Beruf antritt. Es ist hundertprozentig in Ordnung, sich über eine alte, unangenehme Erinnerung aus der Zeit als

Teenager zu ärgern. Diese Art von Gedanken - wenn sie auch selten sind - kommen bei uns allen vor, ob wir nun zu viel nachdenken oder nicht.

Wenn solche Gedanken jedoch häufig vorkommen, und zwar häufiger als du gerne zugeben würdest, ist es an der Zeit, tief in dich selbst einzutauchen und die harte Wahrheit zu erkennen.

Tagebuch

Mit all diesen Informationen im Hinterkopf ist es nun an der Zeit, ein paar Gedanken, Fragen und Antworten aufzuschreiben. Sei bei diesen Aufzeichnungen bitte ehrlich zu dir selbst. Keiner muss dieses Tagebuch sehen. Niemand muss davon erfahren. Aber es ist am besten, auf dem Papier ehrlich zu sein, denn dann habst du zumindest irgendwo auf dieser Erde die bewusste Entscheidung getroffen, dir selbst gegenüber ehrlich zu sein.

Nimm dir einen Moment Zeit, und wenn du Teile dieses Kapitels noch einmal lesen musst, tue das auf jeden Fall. Aber fange erst einmal an, darüber nachzudenken, wie du persönlich überdenkst. Gibt es eine bestimmte Art und Weise, die du anwendest, oder ist es eine Kombination aus all diesen Methoden? Gibt es einen bestimmten Auslöser für diese

Gedanken oder vielleicht sogar für bestimmte Arten von Gedanken, die du kennst?

Eine gute Möglichkeit, um den Ball ins Rollen zu bringen, und um die Reise in dein Inneres zu starten, sind folgende Fragen:

● Denkst du zu viel nach?

● Denkst du über das Denken nach?

● Ertappst du dich dabei, wie du über vergangene Gedanken oder Interaktionen mit anderen Menschen nachgrübelst und dich so sehr damit beschäftigst, dass du jetzt erhöhte Angstzustände habst?

KAPITEL 2

Die Besessenheit und Ängste eines Überdenkers

Auch wenn im letzten Kapitel speziell auf Besessenheit und Angst im Zusammenhang mit Überdenken eingegangen wurde, wurden diese Beispiele und Diskussionen entweder anhand eines spezifischen Beispiels erläutert oder mit der Absicht geschrieben, dem Leser eine gute Grundlage für das Verständnis zu geben, wie Besessenheit und Angst mit Überdenken zusammenhängen.

In diesem Kapitel werden wir uns mit bestimmten Arten von Besessenheit und Ängsten befassen, insbesondere mit der Frage, wie sie dein Leben in vier Hauptbereichen beeinflussen: Gewohnheiten, Beziehungen, deine Arbeit sowie körperliche Aktivität und andere Umstände. Um dir ein möglichst gutes Verständnis dafür zu vermitteln, wie Besessenheit und Ängste mit Überdenken zusammenhängen, wird dieses Kapitel in drei

Abschnitte unterteilt. In den ersten beiden Abschnitten werden Besessenheit und Ängste in Bezug auf ein überdenkendes und ein nicht-überdenkendes Gehirn erörtert, um dir zu helfen, zu erkennen, wann Gedanken mit übermäßigem Denken zusammenhängen und wann es sich um eine natürlich ausgelöste Reaktion auf bestimmte Situationen handelt, in denen du dich befinden könntest. Im dritten Abschnitt wird erörtert, wie Besessenheit und Ängste im Zusammenhang mit übermäßigem Denken - wie auch übermäßiges Denken an sich - in deinem eigenen Leben vorkommen können. Dieser Abschnitt enthält auch Beispiele und eine Schritt-für-Schritt-Anleitung, um zu zeigen, wo das Überdenken beginnt.

Bitte beachte, dass diese Beispiele nur Beispiele sind. Sie sollen dir als Leitfaden dienen, um deine Reise ins Bewusstsein zu beginnen und bestimmte Gedankenmuster zu beobachten und zu bemerken, die in deinem eigenen Gehirn auftauchen könnten.

Fangen wir also ohne Umschweife an.

Besessenheit

Laut Merriam-Webster ist eine Obsession oder Besessenheit "eine anhaltende, beunruhigende Beschäftigung mit einer oft unvernünftigen Idee oder einem Gefühl" oder "im weiteren Sinne: eine zwingende Motivation" (Merriam-Webster, o.d.-a).

Bevor wir uns mit den Überdenkern und ihrer Neigung zur Besessenheit befassen, sollte zunächst erwähnt werden, dass es einen Begriff gibt, der umgangssprachlich als "gesunde Besessenheit" bezeichnet wird. Im Wesentlichen basiert diese Definition auf der weit gefassten Definition von Besessenheit und dient dazu, eine neue Sichtweise darauf zu entwickeln, wie man gesunde Gewohnheiten in sein Leben integrieren kann. Menschen, die Besessenheit auf eine gesunde Art und Weise nutzen, verwenden diese Terminologie im Wesentlichen, um sich selbst zu motivieren, mehr gesunde Gewohnheiten anzunehmen.

Wenn es jedoch um das Überdenken geht, zeigt sich die Besessenheit eher in einem negativen Licht, und zwar vor allem auf zwei "verschiedene" Arten. (Für die Zwecke dieses Buches werden wir von zwei Arten sprechen, aber sie sind eng miteinander verbunden und könnten wohl als Erweiterungen des jeweils anderen gesehen werden).

Der erste Weg ist eine Form der Vermeidung oder ein Weg, um vergangene Traumata zu "heilen". Seltsamerweise wird die Besessenheit fast wie ein geistiges Pflaster für ein Problem aus der Vergangenheit, das die Überdenker nicht lösen können, aus welchen Gründen auch immer. Diese Gründe können vergangene Traumata sein, die Unfähigkeit oder der fehlende Wunsch, tiefer zu graben, oder vielleicht sogar die Unfähigkeit, ihre Heilungsreise fortzusetzen, aufgrund einer mentalen Blockade, Verwirrung darüber, wohin sie gehen sollen, oder die traurige Tatsache, dass sie gerade dabei sind, die Routinearbeit zu erledigen, um ihre mentalen Bahnen und ihre Denkweise zu reparieren. Unabhängig davon, warum es dazu gekommen ist, wird für manche Überdenker die Besessenheit von bestimmten Szenarien, Beziehungen oder sogar den möglichen "Was-wäre-wenns" in unserem Leben zum magischen Elixier, das all ihre Probleme lösen wird. Das ist an sich schon problematisch, denn sie nutzen ihre zwanghaften Gedanken nicht auf positive Weise, um tatsächlich Heilung und Veränderung zu bewirken. Dies führt zu der zweiten Art und Weise, wie Besessenheit von Überdenkern genutzt werden kann: als eine Form der Fortsetzung des Sorgen- oder Negativitätszyklus.

Seien wir ehrlich. Das haben wir alle schon erlebt. Wir alle haben schon Tage, Wochen, vielleicht sogar Monate oder Jahre erlebt, in denen ständig alles schief läuft und wir kein Ende der Misere in Sicht sehen. In solchen Zeiten eine positive oder sogar pragmatische Einstellung zu bewahren, ist verständlicherweise schwierig. Nimmt man nun diese Art von Gedanken und das Gefühl, dass es nie besser wird, erhält man einen kleinen Einblick in den Kopf eines Überdenkers, wenn es darum geht, zwanghafte Gedanken zu benutzen, um seinen persönlichen Sorgen- oder Negativitätskreislauf weiterzuführen. Wie im vorigen Kapitel erwähnt, neigen solche Gedankenmuster dazu, dass Überdenker in den Garten gehen wollen, um Würmer zu essen, oder dass sie anfangen, die negativen Gedanken zu glauben, die sie über sich haben.

Diese Gedanken drehen sich in der Regel um ihre vermeintlichen Unzulänglichkeiten und Unfähigkeiten in allen Situationen, Beziehungen und Szenarien. Diese Art von Gedanken äußern sich zum Beispiel so: "Ich werde nie besser werden", "diese Situation wird sich nie verbessern" oder "ich bin nicht fähig". Keiner dieser Gedanken ist wirklich beabsichtigt, obwohl Selbstsabotage mit übermäßigem Denken verbunden sein kann. In der Anfangsphase nutzen die meisten Überdenker die Besessenheit jedoch als eine Möglichkeit, Probleme zu lösen und zu versuchen, ihre Sorgen über Dinge, die sie nicht kontrollieren können, zu beenden (Relf, 2020).

Was die Zwangsgedanken noch stärker macht, ist die Tatsache, dass sie die schreckliche Fähigkeit haben, sich an konkreten Aspekten deines Lebens festzumachen, so dass es für dich persönlich viel schwieriger ist, zu erkennen, wo und wie du zu viel denkst (wenn überhaupt). Wie in den obigen Beispielen zu sehen ist, haben zwanghafte Gedanken, die durch übermäßiges Denken verursacht werden, keinen Sinn oder Grund; sie klammern sich einfach an alles, was sie können.

Wir werden erörtern, wie sich diese zwanghaften Gedanken in verschiedenen Bereichen deines Lebens manifestieren, doch zunächst wollen wir die Vorgespräche mit dem Thema Angst abschließen.

Ängste

Das Merriam-Webster-Wörterbuch definiert "Angst" als ein: "Besorgniserregendes Unbehagen oder Nervosität, in der Regel wegen einer drohenden oder erwarteten Krankheit: ein Zustand der Besorgnis" (Merriam-Webster, 2019). Angst ist in letzter Zeit zu einem Modewort geworden, und das soll weder die persönliche Reise eines Menschen mit Angst schmälern, noch die tatsächliche Notwendigkeit des Verständnisses und der Anerkennung von Angst und ihren vielfältigen Formen und Manifestationen bei verschiedenen Menschen und in ihrem Leben herunterspielen.

Eigentlich ist diese Aussage als etwas Positives zu verstehen.

Denn jetzt kann niemand mehr sagen, dass man einfach "zu viel nachdenkt", oder dass "es nicht so schlimm ist", denn Angst ist schlimm. Sie ist schlecht für dich und für das, was sie langfristig mit deinem Gehirn anstellt. Das Problem ist, dass Angst nicht wirklich etwas ist, das man teilen oder verstehen kann, es sei denn, es handelt sich um eine gemeinsame Angst, wie z. B. die globale Pandemie von 2020. Ja, Menschen können ihre eigenen Erfahrungen mit Angst nutzen, um dir zu helfen - mit der vorigen Aussage wollte ich keineswegs andeuten, dass Menschen dir bei Angst nicht helfen können -, aber was hier versucht wird zu erklären, ist, wie einzigartig die Angst eines jeden Menschen ist.

Das macht sie umso anwendungsfähiger und leichter für einen übermäßig denkenden Verstand, der ihr anhängt. Wie bei der Besessenheit gibt es auch bei der Angst bestimmte, sehr gut begründbare Erscheinungsformen und Szenarien, bei denen es fast noch besorgniserregender ist, dass man die Angst nicht spürt. Eine solche Situation wäre zum Beispiel, wenn du dich inmitten einer massiven körperlichen Auseinandersetzung befindst. Es gibt nur sehr, sehr wenige Menschen, die sich in einer großen Menschenmenge befinden, ohne eine Form von Angst oder Adrenalin zu verspüren, und diese Art von Menschen sind höchstwahrscheinlich keine Überdenker.

Wenn es also Zeiten gibt, in denen die Angst etwas "normaler" ist, wie sieht es dann bei Überdenkern aus? Nun, wie bei der Besessenheit geht es nicht darum, dass die Angst in unnötigen oder sogar ungerechtfertigten Momenten auftaucht. Es geht vielmehr darum, dass die Angst zu einem alltäglichen Phänomen wird, und dass sie das Denk- und Handlungsmuster ist, von dem dein Gehirn weiterhin profitiert; es ist die erste, vielleicht sogar die einzige Reaktion geworden. Ja, so kann auch das Leiden an Angst aussehen, und manchmal führt übermäßiges Nachdenken zu Problemen mit Besessenheit, Angst und Depression. Aus diesem Grund werden Besessenheit und Angst in diesem Kapitel ausführlicher behandelt.

Zu verstehen, dass Angst und Besessenheit starke emotionale Gedanken sind, die einzigartig für dich sind, und wie dein Gehirn mit diesen Emotionen umgeht und welche Trigger sie auslösen, macht dich einzigartig. Das ist auch das Wichtigste, was du über dich selbst analysieren und verstehen musst. Dass du diese Gedanken häufiger hast als "normale" Menschen, ist nichts Schlechtes. Wenn du zu viel nachdenkst und ängstlich bist, macht dich das nicht zu einem weniger gut funktionierenden Erwachsenen. Es bedeutet einfach, dass dein Gehirn dir nicht wohlgesonnen ist, und du musst daran arbeiten, das zu ändern, um

langfristig ein besseres Leben zu führen.

Dein Gehirn steckt fest. So einfach ist das. Wie es dazu kam, dass du feststeckst, ist in diesem Augenblick irrelevant (es wird später wichtig sein). Im Moment musst du nur erkennen, dass sich dein überdenkendes Gehirn aufgrund dieser ängstlichen und zwanghaften Gedanken leider erlaubt hat, diese Gedanken in buchstäblich alles oder in diesen einen bestimmten Teil deines Lebens einzuprogrammieren, und es wird schwer sein, es zu trainieren, loszulassen.

Auswirkungen auf dein Leben

Dies bringt uns zu der Frage, wie übermäßiges Denken, Angst und zwanghafte Gedanken dein Leben beeinflussen. Wahrscheinlich haben sie dein Leben mehr beeinträchtigt, als du wissen oder dir eingestehen willst. Jetzt ist nicht der richtige Zeitpunkt, um sie weiter zu verleugnen, und sei es nur vor dir selbst und dem Tagebuch für diesen Abschnitt, sei ehrlich. Sieh dir dein Leben, dein Gehirn, deine Gewohnheiten, deine Ängste und ihre Auslöser genau an. Betrachte die Beispiele und schaue, ob sich etwas bei dir manifestiert; keine Ähnlichkeit ist zu klein.

In diesem Abschnitt geht es darum, zu sehen, wo sich dein übermäßiges Denken festgesetzt hat und wie es dein Verhalten beeinflusst.

Die Gewohnheit

Es mag seltsam erscheinen, Gewohnheiten zu erwähnen, da wir

darüber sprechen, wie sich übermäßiges Denken in deinem Leben manifestiert, aber das ist es ja gerade. Es ist eine Gewohnheit. Erinnerst du dich an die Einleitung? Indem du zwanghaft denkst und diese Gedanken zulässt, baut dein Gehirn starke negative neuronale Bahnen auf, die diese Art des Denkens zur Gewohnheit werden lassen. Eine sehr schlechte.

Unabhängig davon, ob du dir diese Gewohnheit absichtlich angewöhnt hast oder nicht (es würde viele von euch überraschen, wenn ihr wüsstet, wie oft negative Gewohnheiten durch ungewollte Handlungen entstehen), ist das Überdenken leider eine Gewohnheit (Koa Foundations, o.d.). Und sie hat sich in deiner täglichen Routine manifestiert, wie auch immer das aussehen mag.

Die gute Nachricht ist, dass alle Gewohnheiten geändert werden können, auch die negativen mentalen Gewohnheiten. Die schlechte Nachricht ist, dass dies nicht sofort möglich ist, weil es eine Menge geistiger Arbeit erfordert, um sicherzustellen, dass eine gute Grundlage dafür geschaffen ist, wie du dein übermäßiges Denken erkennst und wie du damit umgehen kannst.

Beziehungen

Ah, Beziehungen. Der Nährboden für übermäßiges Denken,

Ängste und zwanghafte Gedanken für jeden, ganz zu schweigen von jemandem, der speziell mit einem übermäßig denkenden Gehirn zu tun hat. Denk daran, dass in diesem Abschnitt hauptsächlich alle Arten von Beziehungen besprochen werden, die nicht beruflicher Natur sind. Dazu gehören: Familie, Freunde, Kinder, Ehepartner, Lebensgefährten, die Großfamilie und sogar Gleichaltrige und Bekannte (wie die Leute im Fitnessstudio oder im Café).

Die erste Frage ist also, warum es so leicht ist, dass übermäßige Gedanken, zwanghafte und ängstliche Gedanken hier auftauchen? Weil sie andere Menschen betreffen. Das klingt seltsam, aber es ist wahr. Wenn du gegen übermäßiges Denken, Angst, Zwanghaftigkeit oder eine gelungene Kombination aus allen dreien ankämpfst, ist es gut möglich, dass eine andere Person dich unauffällig unter Stress setzt. Dieser Stress hat nicht unbedingt etwas mit der Person oder sogar mit der Beziehung zu tun. Er hat vielmehr mit der Tatsache zu tun, dass du, wenn deine Beziehung nicht gerade an ein Übermaß an Kommunikation grenzt, mit großer Wahrscheinlichkeit früher oder später anfangen wirst, bestimmte Dinge in dieser Beziehung in Frage zu stellen.

Es genügt ein einziges falsches Wort, ein einziger Fehltritt oder eine einzige merkwürdige Handlung im Alltag, um das Gehirn eines Überdenkers wie ein Feuerwerk losgehen zu lassen. Wenn man darüber nachdenkt, macht das auch Sinn. Die Definition eines Überdenkers besagt, dass er über etwas so viel nachdenkt, dass es ungesund wird (daher die Besessenheit oder Angst). Nehmen wir zum Beispiel an, dass du ein Überdenker bist und das Folgende passiert:

Dein Freund Allen, dem du jeden Tag (und normalerweise den ganzen Tag über) deine Probleme und alles Mögliche schreibst, antwortet dir den ganzen Morgen nicht. Unbeeindruckt davon schickst dueine SMS und fragst, ob alles in Ordnung ist, und gehst dann deiner Arbeit nach. Doch bis zum Mittagessen hast du immer noch keine Antwort erhalten. Du beginnst, dich unruhig zu fühlen, und zerbrichst dir den Kopf, ob du dich daran erinnern kannst, dass er erwähnt hat, dass er heute nicht verfügbar ist. Es fällt dir nichts ein. Am späten Nachmittag bist du nun ganz aufgeregt und scrollst durch die vergangenen Textnachrichten, um zu sehen, ob sich in einem gut platzierten Emoji, Komma, Satz oder einer Wortwahl ein versteckter Hinweis befindet, ob du ihn irgendwie verärgert hast und es übersehen hast. Wenn das nicht funktioniert, fängst du an, wie besessen zu denken und all deine früheren Unterhaltungen zu zerpflücken, um herauszufinden, was falsch gelaufen ist. Am Ende des Tages bist du davon überzeugt, dass er oder sie nicht mehr dein Freund ist und dass die Beziehung dem Untergang geweiht ist, weil du nur noch auf einen gekonnten Tastendruck wartest, um die Freundschaft zu beenden. Du bist am Boden zerstört. Doch am Abend schreibt Allen dir zurück, dass er sein Handy zu Hause vergessen hat und bis spät in die Nacht bei der Arbeit bleiben musste, und fragt dich nach deinem Tag. Du vergisst den ganzen Tag, den du voller Angst und negativer Gedanken verbracht hast, antwortest Allen und plötzlich ist die Welt wieder in Ordnung.

Kommt dir diese Art von Szenario bekannt vor? Alles, was es brauchte, war eine Veränderung in einem normalen täglichen Ereignis und dann eine fehlende Reaktion auf deine Anfragen, um eine Abwärtsspirale von zwanghaften, ängstlichen und überdenkenden Gedanken auszulösen.

Bevor wir nun aufzeigen, was schief gelaufen ist, wollen wir

zunächst einige positive Aspekte durchgehen. Notiere dir diese positiven Aspekte, trage sie am Ende dieses Abschnitts in dein Tagebuch ein und überlege, wie du sie in einem späteren Kapitel verwenden kannst. Das erste Positive ist, dass du bemerkt hast, dass dein Freund sich nicht gemeldet hat, und anstatt sofort zu denken, dass du etwas getan hast, hast du ihn gefragt, ob es ihm gut geht.

Es ist schwer, mit einem übermäßig denkenden, zwanghaften und ängstlichen Gehirn, aber manchmal, wenn eine normale Beziehung anders ist, hat es absolut nichts mit dir zu tun. Du kannst einen schlechten Tag haben oder einen überstürzten Morgen erleben. Nachfragen und Klärung der Situation sind ein guter Weg, um zu zeigen, dass man sich um sie kümmert, und um übermäßige Denkanstrengungen zu vermeiden.

Das zweite Positive ist, dass du es geschafft hast, nicht zu viel über die Frage nachzudenken. Es wird eine Weile dauern, bis du diesen Schritt erreicht hst, aber wenn du erst einmal dort angelangt bist, ist es ein wirklich schöner Ort zum Leben. Worin besteht dieser Schritt? Das ist ganz einfach. In diesem Schritt hast du Allen gefragt, ob es ihm gut geht, und bist dann wieder an die Arbeit gegangen. Manche mögen das als etwas abweisend und vielleicht sogar unhöflich empfinden, aber wieder an die Arbeit zu gehen und sich bis zur Mittagspause (in diesem Beispiel) keine Sorgen zu machen, ist eine großartige Übung für das Gehirn eines Überdenkers, weil es der anderen Person erlaubt, auf deine Frage zu antworten, ohne dass du anfängst, in deinem Kopf eine Erzählung zu entwickeln oder dir Situationen auszudenken, die einen negativen Gedankenkreislauf auslösen würden, der dazu führen würde, dass dein Tag bergab geht.

Der dritte positive Aspekt war, dass du deinen Textverlauf und dein Gedächtnis durchgesehen hast, um zu sehen, ob Allen erwähnt hatte, dass er nicht verfügbar war, und du es vorübergehend vergessen hast. Sich falsch zu erinnern oder diese Art von Informationen zu vergessen, ist ganz natürlich;

uns allen passiert das manchmal, und dann können wir darüber lachen, wenn wir uns wieder erinnern und unseren Tag fortsetzen. Dies ist der dritte Schritt, bevor man zu viel nachdenkt und sich Sorgen macht. Das ist ein weiterer guter Weg, um eine Perspektive zu gewinnen und ein kleines bisschen Vernunft zu bewahren, bevor das Überdenken überhandnimmt.

Nach diesen positiven Aspekten ist es nun an der Zeit, sich mit den übermäßigen Gedanken, der Besessenheit und der Angst zu befassen, die alle ziemlich deutlich zu sehen waren. Ist dir in dem Beispiel aufgefallen, dass die negativen Gedankenkreisläufe umso schlimmer wurden, je länger Allen geschwiegen hat? Du begannst, die Texte auf der Suche nach versteckten Hinweisen zu zerpflücken, und am Ende des Tages hattest du dich selbst davon überzeugt, dass du Allen irgendwie so verärgert hattest, dass er dir nicht einmal mehr sagen wollte, was los war, und du befandest dich bereits in der Trauerphase um diese Beziehung.

Das ist eine mentale und emotionale Achterbahnfahrt. Noch einmal: Das ist nicht deine Schuld, denn du hast dich zwar bewusst dafür entschieden, so zu denken, aber wir gehen davon aus, dass du Jahre (und vielleicht auch einige Erfahrungen) hinter dir hast, die beweisen, dass diese Art des Denkens richtig ist. Ja, du hast dich bewusst dafür entschieden, die Beziehung mit Allen zu betrauern, aber du hast dich nicht nur für eine kurze Zeit gegen dein übermäßiges Denken gewehrt, sondern warst dir wahrscheinlich nicht einmal der Gedanken bewusst, die dich dazu brachten, jede Textzeile und jedes Emoji zu hinterfragen.

Aber bist du es nicht leid, so zu denken? Als jemand, der täglich mit übermäßigem Denken kämpft, ist es anstrengend, sich die ständigen Gedankenkreise und emotionalen Fahrten vorzustellen, auf die das Gehirn einen bringen kann, wenn man es nicht unter Kontrolle hat. Aber lasse dich nicht täuschen, es dauert lange, bis man das Ziel erreicht hat, und auf dem Weg dorthin muss man sich mit sich selbst auseinandersetzen und herausfinden, wie diese Art des Denkens entstanden ist.

Job

Übermäßiges Denken ist oft etwas, das in der Belegschaft auftaucht, und das kann aus einer Vielzahl von triftigen Gründen geschehen, wie z. B. mangelnde Kommunikation zwischen Managern, Mitarbeitern und geschäftlichen Anforderungen, oder vielleicht, weil es einen Konflikt gab, der nie vollständig gelöst wurde. Leider gibt es in der Unternehmenswelt viele, viele Gründe und Möglichkeiten, bei denen das Überdenken zu einer echten Form der Selbstverteidigung wird. Da Überdenker jedoch dazu neigen, den Gedankenkreislauf des Überdenkens zu nutzen, um negative Gedanken heraufzubeschwören und ihnen schließlich

Glauben zu schenken, kann dies eine relativ toxische Veranlagung für ein bestimmtes Umfeld um ein Vielfaches verschlimmern.

Im Vergleich zu anderen Erscheinungsformen des Überdenkens kann es ziemlich offensichtlich werden, wenn du in deinem Job zu viel denkst, weil es eine direkte Korrelation zu deiner Leistung hat. Du kannst zum Beispiel Fristen nicht mehr einhalten, musst übermäßig über Projekte informiert werden, bis zu dem Punkt, an dem du andere Leute mikromanagst, du kannst nicht schlafen und hast Probleme, Entscheidungen zu treffen, selbst wenn du diese Entscheidungen früher getroffen hast mit kaum einer Anstrengung (Malin, 2021).

Obwohl diese Symptome für viele Menschen wie ein Burnout aussehen könnten (Überdenken und Burnout können miteinander verwandt sein und gleichzeitig auftreten), gibt es feine Unterschiede. Im Wesentlichen führt Burnout zu einem Mangel an Anreiz, während Überdenken dazu führt, dass man erstarrt und nicht in der Lage ist, etwas zu Ende zu bringen. Beide Szenarien führen dazu, dass du darum kämpfst, ein arbeitsbezogenes Projekt abzuschließen, aber die Gründe für den Abschluss der Aktion sind unterschiedlich. Betrachten wir die folgenden Beispiele:

James kann in seinem Job nicht mit Fristen umgehen. Er weiß

schon Monate im Voraus von einer Frist, schiebt die Fertigstellung des Projekts aber immer wieder bis zur letzten Minute hinaus, weil er nur so in der Lage ist, klar und prägnant darüber nachzudenken, was zu tun ist und wie.

Für jedes Projekt, an dem er arbeitet, braucht Avery absolut alle möglichen Informationen, auch die, die er nicht wissen muss, um seinen Teil der Arbeit zu erledigen. Wenn eine Aufgabe oder ein Projekt von ihm Eingaben erfordert, ohne dass alle möglichen Szenarien abgedeckt sind, ist Avery nicht in der Lage, das Projekt ohne den Input und die Hilfe mehrerer Teammitglieder durchzuführen.

Alison ist normalerweise eine sehr gute Entscheidungsträgerin bei der Arbeit, und als Managerin sollte sie das auch sein. Allerdings hat sich etwas verändert. Jedes Mal, wenn eine Entscheidung getroffen werden muss, erstarrt Alison und ist nicht mehr in der Lage, die eindeutigen Ergebnisse jeder Wahl zu erkennen, und sie hat ein Gefühl der "Reue" entwickelt, wenn sie bei der Arbeit eine Entscheidung trifft. Selbst wenn es die richtige Entscheidung ist, zweifelt sie daran, dass es die richtige Entscheidung für das Projekt oder ihr Team war.

Jede der in den obigen Beispielen erwähnten Personen zeigt, wie ihr Überdenken etwas behindert hat, das eine Voraussetzung für ihre Arbeit ist, und in einigen Fällen war es etwas, mit dem sie vorher nicht zu kämpfen hatten. James zum Beispiel kann erst dann an einem Projekt arbeiten, wenn der Abgabetermin erreicht ist, was zu einem Bewältigungsmechanismus geworden ist, um das Überdenken zu bekämpfen, das er während der Arbeit an dem Projekt erlebt. Avery kann nicht genug abschalten, um spontane Projekte zu bewältigen, was bedeutet, dass sein überdenkendes Gehirn Perfektionismus und Analyselähmungen entwickelt hat. Alison hat ihr Überdenken so weit entwickelt, dass sie jetzt

an ihren Entscheidungen zweifelt, was früher nicht der Fall war.

Wenn man es auf dem Papier liest, ist es in jedem Fall ziemlich offensichtlich, wo übermäßiges Denken die Arbeitsfähigkeit von jemandem behindert hat, aber es kann ziemlich schwer zu erkennen sein, wenn das übermäßige Denken im eigenen Gehirn stattfindet oder der überdenkende Mensch jemand ist, den man sehr gut kennt. Der Schlüssel zu übermäßigem Denken am Arbeitsplatz liegt darin, eine Perspektive zu gewinnen und im Nachhinein zu erkennen, wann man überarbeitet und überlastet ist oder zu viel denkt, und das ist etwas, das mit Selbsterkenntnis und Rückblick einhergeht.

Körperliche Betätigung und Freizeit

Viele Menschen sind sich darüber im Klaren und stimmen zu,

dass übermäßiges Denken jeden Bereich ihres Lebens beherrscht, aber an körperliche Betätigung oder Freizeitaktivitäten wird nicht oft gedacht, wenn diese Aussage gemacht wird. Das liegt zum Teil daran, dass es so viel länger dauert, bis wir bemerken, wie das Überdenken diese Bereiche unseres Lebens beeinträchtigt.

Bei körperlicher Aktivität zum Beispiel kann das Überdenken erst viel später einsetzen, weil das Gehirn durch die Aktivität einen Ansturm von Endorphinen oder "Glückshormonen" erhält, die es ihm ermöglichen, jede Art von negativer Abwärtsspirale abzuwehren. Wenn das Überdenken schließlich die Schwelle zu unseren körperlichen Aktivitäten überschreitet, wird es leicht als "schlechter Tag", als "Zeichen, dass wir mehr Ruhetage einlegen müssen" oder als "Aufstockung" dargestellt. Denk einmal darüber nach. In jedem der oben genannten Szenarien kämpft unser Gehirn ständig gegen jede Art von negativem Gedanken an, kombiniert mit dem immer so optimistischen "Wenn nur" Szenario, um die Gegenüberstellung zu schaffen, dass wir etwas ändern müssen, um besser zu werden. Viele von uns nehmen diese Veränderung vor und werden besser. Aber was ist mit den Zeiten, in denen es uns nicht besser geht? Was ist, wenn wir diese defätistischen Gedanken siegen lassen oder uns dazu bringen lassen, unsere Herangehensweise an die Tätigkeit zu ändern?

Genau das ist es, wie übermäßiges Nachdenken Ihrer körperlichen Aktivität schaden kann. Es ist schön und gut, über seine Grenzen nachzudenken und realistisch zu überlegen, ob man den nächsten Schritt auf seiner körperlichen Reise machen möchte, aber wenn wir zulassen, dass diese Gedanken negativer als normal werden, beginnt die Spirale.

Betrachten wir dieses Beispiel:

Du übst diese körperliche Tätigkeit schon seit einigen Jahren. Du weißt, dass du dich in den letzten Jahren verbessert hast, aber dann stößt du auf ein natürliches Plateau. Eine Zeit lang bist du nicht beunruhigt, du hältst durch, nimmst mehr Ruhetage und beginnst, dich darauf vorzubereiten, dass dein Körper in der Lage ist, die nächste Stufe zu erklimmen. In den nächsten Wochen sind deine Gedanken weniger optimistisch und werden pessimistischer, du beginnst, an Dingen zu scheitern, die du vorher problemlos bewältigen konntest, und deine früheren "Ich schaffe das"-Gedanken werden negativer und selbstverachtender, wie z. B. "Wow, jetzt schaffe ich nicht einmal mehr das, ich mache das toll" (lass viel Wut und Sarkasmus in diese Aussage einfließen).

Beachte, dass in diesem Beispiel alles gut anfing. Du hast dich auf den Stufenaufstieg vorbereitet, du hast alles richtig gemacht, aber als es länger dauerte, als du dachtest, hast du deine

Deckung fallen lassen und zugelassen, dass du zu viel nachdenkst und dich in eine negative Abwärtsspirale begibst. Mach dir keine Sorgen, es ist völlig klar, dass es schön und gut ist, hier zu sitzen und diese Aussage zu tippen, aber du bist derjenige/diejenige, der/die sie tatsächlich fühlt. Ob du es glaubst oder nicht, dieses Gefühl hast du schon einmal bei körperlichen Aktivitäten gespürt. Viele Male. Es macht keinen Spaß, gegen das Überdenken anzukämpfen, während man gleichzeitig mit körperlichen Unzulänglichkeiten oder zusätzlichem Training zu kämpfen hat, um bestimmte Ziele zu erreichen. An dieser Stelle kommen Verantwortungspartner oder sichere Personen ins Spiel. Körperliche Betätigung mit fröhlichen Menschen hilft dir dabei, dein Überdenken zu bekämpfen und Praktiken zu erlernen, die in einem späteren Kapitel behandelt werden.

Und damit komme ich zu den Freizeitaktivitäten, oder, im Kontext dieses Buches, zu den sozialen Aktivitäten. Wenn es um soziale Kreise, Clubs oder Aktivitäten geht, bei denen das gesellige Beisammensein das Hauptziel ist, ist es ziemlich leicht, dass sich Überdenken einschleicht. Das Problem ist, dass sich das Überdenken im Vergleich zu einer Beziehung anders darstellt, wenn es darum geht, wie wir damit umgehen. Bei den meisten Menschen führt übermäßiges Denken in Bezug auf einen Verein oder eine andere soziale Aktivität außerhalb des

Berufslebens dazu, dass sie nicht mehr daran teilnehmen oder die Situation aufschieben oder vermeiden. Dies geschieht, weil die negative Abwärtsspirale dazu geführt hat, dass man anfängt, all die schrecklichen Dinge zu glauben, die einem das Gehirn erzählt hat.

Zum Beispiel: Laura ist schon seit Jahren Mitglied in ihrem Bootsclub. Sie genießt die Aktivität und die Menschen und hat normalerweise eine tolle Zeit. Sie ist sogar Mitglied des Ausschusses und hilft in der Nebensaison bei Spendenaktionen und der Wartung der Boote. Aufgrund von Umständen, auf die sie keinen Einfluss hatte, brachten einige der letzten Spendenaktionen nicht so viel Geld ein, wie sie es normalerweise getan hätten, und Laura hatte begonnen, sich dessen bewusst zu werden. Dies hatte zur Folge, dass sich ihre Überlegungen auch auf die Art und Weise auswirkten, wie sie über den Club und ihre Rolle im Club dachte. In den nächsten Wochen bemerkten die Mitglieder und Freunde, dass Laura nicht mehr so fröhlich war und nicht mehr so oft im Club erschien. Sie hatte auch begonnen, Treffen zu schwänzen und war nicht mehr so aufmerksam oder an der Planung von Veranstaltungen beteiligt wie zuvor.

Auch hier fällt auf, dass eine einzige negative Sache genügte, um Lauras Gehirn in die Lage zu versetzen, das Überdenken auf diesen Bereich ihres Lebens zu übertragen. In diesem Fall führte

Lauras übermäßiges Denken dazu, dass sie sich zurückzog, höchstwahrscheinlich aufgrund der Gedanken, nicht gut genug zu sein und das Gefühl zu haben, dass jemand anderes bei diesen Ereignissen besser abschneiden würde als sie. Je mehr sich ihre Gedanken drehten, desto mehr zog sie sich zurück.

In diesem Beispiel war das Überdenken nicht sofort präsent; und das ist etwas, das Sie wirklich bemerken und beachten müssen. Nur weil du ein Überdenker bist, heißt das nicht zwangsläufig, dass es jeden Bereich deines Lebens sofort übernehmen wird. Es ist durchaus möglich, und bei manchen Menschen wird es leider auch so sein, aber die wenigen Glücklichen können einige Bereiche ihres Lebens vor dieser Art des Denkens schützen. Normalerweise liegt das daran, dass in diesen Lebensbereichen wenig Platz für Negativität ist, entweder weil bereits zu viele glückliche Emotionen und Gedankengänge damit verbunden sind, oder weil sich die Gelegenheit nicht ergeben hat.

Das ist wichtig: Du darfst nicht faul sein, wenn du darauf achtest, wie du in diesen Bereichen denkst. Wie du in den Beispielen gesehen hast - und wie du gelernt hast - kann sich das Überdenken in alles einschleichen, wenn du ihm Raum gibst. Auch in Bereiche deines Lebens, in denen es derzeit gut läuft.

Wenn du dich erst einmal daran gewöhnt hast, dein Überdenken zu bekämpfen, wird es zur Gewohnheit, und du musst diesen Bereichen deines Lebens keine besondere Aufmerksamkeit mehr schenken.

Tagebuch

Nun, in diesem Kapitel war eine Menge zu verkraften. Jetzt kommen wir zu den guten Dingen. Es ist an der Zeit, dass du dir eine Tasse Tee oder Kaffee machst und anfängst, wirklich über alles nachzudenken, was du in diesem Kapitel gelesen hast.

Sind dir bei den Beispielen Ähnlichkeiten aufgefallen? Wenn ja, was waren das für welche? Lasse deine Gedanken und deinen Geist eine Weile auf dieser Spur wandern. Du wirst überrascht sein, was dabei herauskommt.

Erinnere dich als nächstes an die positiven Eigenschaften, die in einigen Beispielen genannt wurden? Hole sie hervor und beginne, sie erneut zu betrachten. Achte darauf, dass diese positiven Handlungen klein sind und leicht hinzugefügt werden können, um dein überdenkendes Gehirn davon abzuhalten, sofort in den Krisenmodus zu wechseln. Schreibe die Dinge auf, die dir wirklich wichtig sind, und überlege dir Mantras oder Möglichkeiten, wie du dich daran erinnern kannst, bevor du zu viel nachdenkst.

Betrachte schließlich die Bereiche deines Lebens (falls vorhanden), in denen du nicht zu viel nachdenkst. Achtee besonders darauf, dass du diese Lebensbereiche in den kommenden Kapiteln nicht aus den Augen verlierst.

KAPITEL 3

Eliminieren durch bewusste Wahrnehmung

Es mag ein wenig wie ein Oxymoron erscheinen, da ein Teil des Überdenkens darin besteht, dass du dir deines Gehirns und deiner selbst übermäßig bewusst bist, aber es gibt einen gemeinsamen Trend, der sich durch alle bisherigen Teile dieses Buches gezogen hat. Dein überbewusstes, überdenkendes Gehirn nimmt nur das Negative um dich herum wahr. Angefangen bei den negativen Aspekten der Situation bis hin zur Hyperfokussierung auf alle negativen Aspekte deiner Person - es gab wahrscheinlich nur sehr wenige Momente, in denen dein Gehirn dir erlaubt hat, positiv zu sein und tatsächlich eine brauchbare Lösung zu finden.

In diesen Momenten kommt das Bewusstsein ins Spiel. Eine bewusste Wahrnehmung ist so viel mehr, als nur zu bemerken, dass du dich in einem negativen Kreislauf befindest oder dass du anfängst, zu viel zu denken - auch wenn das ein guter Anfang ist. Um jedoch wirklich damit zu beginnen, dein überdenkendes Gehirn zu bekämpfen, musst du dir aller Dinge um es herum bewusst werden. Du musst dir darüber im Klaren sein, worüber du zu viel nachdenkst, warum du zu viel darüber nachdenkst und wie dein Gehirn beschlossen hat, zu viel zu denken, um das Problem oder die Situation zu "lösen".

Es braucht Zeit, bis man dieses Stadium erreicht hat. Es kann Wochen, Monate, vielleicht sogar Jahre dauern. Aber die harte Arbeit und die Konsequenz, die du in die Entwicklung deines Bewusstseins steckst - auch in den Phasen des Überdenkens - werden sich auszahlen. Wie bei so vielen anderen Dingen in unserem Leben wird das, was du in diesem Abschnitt deiner Reise durch das Überdenken investierst, direkt mit dem korrelieren, was dabei herauskommt.

Warum du es benötigst

Einige von euch fragen sich vielleicht, warum sie überhaupt Selbsterkenntnis brauchen. Sich des eigenen Überdenkens bewusst zu sein, mag als ausreichend erscheinen, aber in Wirklichkeit ist es das nicht. Viele Überdenker sind sich dessen bewusst, dass sie zu viel denken; sie sind sich vielleicht sogar bewusst, wann sie tatsächlich zu viel denken. Das Problem ist, dass sich das Gehirn beim Überdenken in einen führerlosen Zug verwandeln kann. Jeder weiß, was passiert, aber niemand ist in der Lage, es zu stoppen. Dein Gehirn ist so mächtig geworden, weil du dich bewusst oder unbewusst weiterhin mit diesen negativen Gedanken und den damit verbundenen Denkmustern beschäftigst. Aber mache dir keine Sorgen. Dein Gehirn ist in der Lage, sich wieder zu erholen; es erfordert nur mehr Anstrengung und Bewusstheit deinerseits, um diese Gewohnheiten abzubauen und neue zu etablieren. Die gute Nachricht ist, dass es, sobald du neue Denkwege und -gewohnheiten geschaffen hast, leichter sein wird, diese beizubehalten, als mit der Zeit wieder zum Überdenken zurückzukehren.

Bewusste Wahrnehmung und Überdenken

Normalerweise wird Bewusstsein als Oberbegriff verwendet, um die Fähigkeit zu beschreiben, sich selbst zu verstehen und zu kennen. Durch Bewusstsein beginnt unser Gehirn auf natürliche Weise zu wachsen, sich zu verändern und sich an neue Umstände anzupassen, oder wir müssen uns verändern, um etwas zu tun. Das ist genau die Art und Weise, wie das Bewusstsein in diesem Buch verwendet wird, nur auf einer tieferen Ebene. Um übermäßiges Denken wirklich mit Bewusstsein bzw. bewusster Wahrnehmung zu bekämpfen, musst du in der Lage sein zu verstehen, wann und warum du übermäßig denkst. Du musst in der Lage sein, zu verstehen und zu unterscheiden, wann du in Negativität, Sorgen, Fixierung, Wiederkäuen, Besessenheit oder deine Angstzyklen verfällst, während du zu viel nachdenkst. Du musst verstehen, was der Auslöser war, und vor allem brauchst du das Bewusstsein und die Fähigkeit, später zu diesem Szenario oder dieser Situation zurückzukehren und im Nachhinein zu erkennen, was das Überdenken ausgelöst hat.

Zu verstehen, wie du persönlich beginnst, zu viel zu denken, ist ein neuer Schritt der Selbsterkenntnis, denn es wird dir helfen, dich selbst zu ertappen, wenn dein Überdenken beginnt, die Oberhand zu gewinnen. Ebenso musst du damit beginnen, Gewohnheiten zu entwickeln, um dein Überdenken zu stoppen oder zu jenen Episoden zurückzukehren, die du im Nachhinein betrachten kannst. Wenn du herausfindest, warum bestimmte Dinge für dich der Auslöser waren, wird es dir gelingen, das Überdenken zu stoppen und dein Gehirn so umzustrukturieren, dass es angesichts dieser Auslöser nicht mehr überdenkt.

Das Erreichen der nächsten Stufe des Bewusstseins in Bezug auf dein

Überdenken wird eine Reise sein. Es wird nicht leicht sein, zu erkennen, wie anfällig bestimmte Teile deiner Gefühle oder deines Verstandes sind oder im Laufe der Zeit geworden sind, aber wenn du dir diese Anfälligkeit bewusst machst und dich dafür entscheidest, sie durch Veränderungen und Gewohnheiten im Kampf gegen das Überdenken zu stärken, wirst du mental die Kurve kriegen.

Wege zu mehr Bewusstsein

Wenn es um die Umsetzung einer bewussteren Denkweise geht, musst du verstehen, dass es als lästige Pflicht beginnt, die schließlich zur Gewohnheit wird. So wie übermäßiges Denken eine Gewohnheit ist, wird auch alles, was du tust, um es zu bekämpfen, mit der Zeit zur Gewohnheit werden. Die Ersatzgewohnheit, wenn du so willst.

Das andere Problem bei der Umsetzung einer bewussteren Denkweise ist, dass du, um sie zu nutzen, um dein Überdenken zu stoppen, tatsächlich anfangen musst, in deinem täglichen Leben präsent zu werden. Die gute Nachricht ist, dass dies heute etwas ist, womit jeder zu tun hat, dank der Zunahme der Technologie, der sozialen Medien, der Nachrichten und der ständigen Ablenkungen durch unsere intelligenten Geräte und der Tatsache, wie oft wir sie in den Händen halten oder bei uns tragen. Bei so vielen Ablenkungen ist es ziemlich einfach, nicht in jedem einzelnen Moment des Tages präsent zu sein, was eigentlich ziemlich traurig ist, wenn man darüber nachdenkt. Oder viele von uns sind so sehr mit ihrem Leben beschäftigt, dass wir ständig ein bis drei Schritte vorausdenken. Unsere Tage werden zu einer Liste, und wir sagen uns, dass wir das Leben genießen werden, wenn wir fertig sind, aber wir sind nie fertig. Unabhängig davon, um welches dieser Szenarien es sich handelt, haben es überdenkende Gehirne hundertmal schlimmer, denn sie sind entweder so sehr damit beschäftigt, sich auf etwas anderes zu fixieren, oder sie schalten vor lauter Überforderung ab, dass es so ist, als würden sie direkt in einen Bühnenscheinwerfer schauen. Es ist blendend, es ist schmerzhaft, und es (das Gehirn) will es nicht tun.

Verständlich. Die Gegenwart ist höchstwahrscheinlich der Ort, an dem übermäßiges Denken ausgelöst wird und daher etwas Schmerzhaftes, Ungelöstes oder Aktivierendes geschehen ist; und obwohl es niemals Spaß macht, in diesem Szenario präsent zu sein, musst du damit anfangen. Dein Bewusstsein wird sich nicht entwickeln und in schwierigeren Situationen bestehen bleiben, wenn du nicht jetzt damit beginnst, diese Gewohnheit aufzubauen.

Es ist schwierig, Zeit und Wege zu finden, um präsent zu sein, aber die Mühe lohnt sich auf jeden Fall. Die Einführung von Möglichkeiten, präsent zu sein, hängt wirklich davon ab, wo du merkst, dass du dich am meisten distanzierst, aber hier sind ein paar schnelle Tipps für den Anfang. Zunächst kannst du dich darin üben, präsenter zu sein, indem du mehrere tiefe und bewusste Atemzüge nimmst. Achte beim Atmen auf deinen Körper und deine Umgebung, und kehre in die Gegenwart zurück, anstatt dich in deinem Gehirn zu verstecken. Zweitens kannst du deiner Umgebung mehr Aufmerksamkeit schenken, indem du jede Art von Multitasking unterlässt. Ein Grund dafür, dass wir nicht immer präsent sind, liegt darin, dass unser Gehirn bereits so sehr damit beschäftigt ist, alles zu erledigen, was wir uns vorgenommen haben, und dabei nicht zu sterben (z. B. eine SMS zu schreiben und die Straße zu überqueren), dass Präsent-Sein absolut keine Option ist. Drittens: Du kannst die Dinge so akzeptieren, wie sie sind. Das ist es. Einfach akzeptieren. Versuche nicht, dich zu ändern, versuche nicht, dich anzupassen, reagiere nicht einmal unbedingt. Sei einfach da und akzeptiere es.

Bevor wir weitermachen, müssen wir noch etwas klarstellen. Dieses Kapitel und dieser Abschnitt sind der Aufbau für das nächste Kapitel (wie bei allen Büchern); hier werden wir jedoch speziell besprechen, wie du die Gewohnheit einer bewussten Denkweise in deinem Leben umsetzen kannst. Diese

Gewohnheit der Achtsamkeit wird dann im nächsten Kapitel aufgegriffen, was bedeutet, dass das nächste Kapitel unter der Voraussetzung geschrieben wird, dass du mit den unten aufgeführten Schritten begonnen hast, um mit dem Aufbau und der Umsetzung deines bewussten Denkens zu beginnen.

Wie man eine Gewohnheit aufbaut

Bevor wir also erörtern, wie du damit beginnen kannst, Bewusstsein in deine mentalen Muster zu implementieren, werden wir kurz darauf eingehen, wie du überhaupt erfolgreich eine Gewohnheit implementieren kannst. Einige von euch werden mit diesem Konzept bereits bestens vertraut sein, und wenn dem so ist, kannst du diesen Abschnitt getrost überspringen. Aber nur für den Fall, dass dies etwas ist, was viele von euch seit einiger Zeit nicht mehr bewusst getan haben, finden sich hier ein paar Dinge, die du wissen und tun solltest, um erfolgreich zu sein.

Zunächst muss man verstehen, wie lange es dauert. Es dauert etwa 21 Tage, um eine Gewohnheit zu entwickeln, und etwa 90 Tage, um sie zu einem Muster oder einer unbewussten Entscheidung zu machen. Wenn du schon einmal etwas in der Welt der körperlichen Fitness gemacht hast, wird dir dieses Muster und dieses Konzept nicht neu sein. Wenn du jedoch diese spezifischen "Fristen" kennst, öffne einen Kalender und beginne damit, dir auszumalen, wie lange einige dieser Dinge für dich dauern könnten, wenn du heute, nächste Woche oder sogar nächsten Monat damit beginnen würdest. Wenn du siehst, wie lange du dafür brauchen wirst, mag das ein wenig entmutigend wirken, aber lass dich davon nicht entmutigen. Jeder hat die gleiche Zeitspanne, und niemand ist von dieser Zeitspanne ausgenommen, wenn es darum geht, eine neue Gewohnheit zu schaffen oder beizubehalten und sie zu einem Lebensstil zu machen. Du bist nicht allein, und du kannst es schaffen. Aber du musst dir darüber im Klaren sein, dass du einen langen Weg vor dir hast.

Gut, nun zum Kern der Sache.

Klein anfangen

Wenn du dir eine kleine Sache vornimmst, die du regelmäßig tust und die dich nicht zusätzlich stresst oder für die du eine Stunde in deinem Kalender einplanst, kannst du sicherstellen, dass deine Gewohnheiten auch tatsächlich bestehen bleiben. Wenn es um Achtsamkeit geht, könnte das zum Beispiel so aussehen, dass du auf dem Heimweg, nach dem Abendessen oder vor dem Schlafengehen täglich fünf Minuten lang mit dir selbst sprichst. Wenn du dich für dieses Beispiel entscheidest, stelle dir unbedingt eine Zeitschaltuhr ein. Auf diese Weise stellst du sicher, dass du nicht zu viel Zeit zum Nachdenken einplanst, während du deinem überdenkenden Gehirn Zeit gibst, sich anzupassen und Selbstbewusstsein in deinen Tag zu bringen. Es ist erstaunlich, was selbst fünf Minuten nicht fixiertes Denken für dein Gehirn bewirken können, so dass es sich erfrischt fühlt und in den kommenden Tagen eher bereit ist, achtsam zu sein.

Kleine Notiz

Wenn es Momente, Tage oder Zeiten gibt, in denen diese fünf Minuten negativ werden, dann ist das in Ordnung. Manchmal müssen wir negativ sein, um die Negativität loszuwerden. Aber achte darauf, dass du deine Achtsamkeitsübungen nutzt, um deine Gefühle anzuerkennen, ohne sie außer Kontrolle geraten zu lassen.

Täglich üben

Wenn du schon einmal ein Instrument geübt oder für ein bestimmtes Fitnessziel trainiert hast, weißt du, dass es unendlich viele Vorteile hat, etwas täglich zu üben, auch wenn es nur für kurze Zeiträume ist. Unauffälliges, tägliches Üben (vor allem, wenn du gerade erst anfängst) wird deinem Körper und deinem Geist helfen, Toleranz und Disziplin zu entwickeln. Nehmen wir das Beispiel der fünfminütigen Achtsamkeitsübung: Wenn du sie täglich praktizierst, kannst du diese Zeit nach ein paar Wochen auf 10 Minuten erhöhen, und so weiter und so fort.

Was die Achtsamkeit anbelangt, so wird die tägliche Übung auch dazu beitragen, dein Gehirn zu klären und dir die Möglichkeit geben, die Achtsamkeit so zu steigern, dass sie zu einer konstanten, unterbewussten Geisteshaltung wird (was wir ja wollen), die dir hilft, übermäßiges Denken zu bekämpfen, bevor es überhaupt beginnt.

Stapel deine Gewohnheiten

Es mag etwas seltsam klingen, aber das Stapeln von Gewohnheiten bedeutet, dass man eine neue Gewohnheit auf eine alte Gewohnheit oder Routine aufbaut, um sicherzustellen, dass sie länger als die ursprünglichen 21 Tage bestehen bleibt. Zum Glück gibt es viele Apps, die dir dabei helfen können, diese Art von Routine aufzubauen und Gewohnheiten übereinander zu stapeln. Wenn du mit dem Beispiel der täglichen fünfminütigen Achtsamkeitsübungen fortfährst, kannst du diese Gewohnheit auf eine bereits bestehende Gewohnheit stapeln, z. B. auf den Weg zur und von der Arbeit, auf dein Training nach der Arbeit oder auf deine abendliche Routine zum Ausklingen des Tages.

Wie auch immer du die Achtsamkeit in dein Leben einführst, denke daran, dass sie eine Gewohnheit ist. Insbesondere wird es die Gewohnheit sein, die das Überdenken ersetzt (zusammen mit einigen anderen, die später noch erwähnt werden). Denke daran: Die Natur hasst ein Vakuum. Wenn du also nichts hast, womit du deina Überdenken ersetzen kannst, wirst du am Ende wieder genau da sein, wo du angefangen hast.

Halt!

Das bringt uns zur ersten Möglichkeit, Bewusstsein zu schaffen. Ganz einfach: Innehalten. Höre auf, zu viel nachzudenken.

Damit ist nicht gemeint, dass du generell aufhören sollst, zu viel zu denken, denn das wäre ziemlich schwierig (und unangenehm), wenn du nicht über eine alternative Denkweise verfügen würdest. Gemeint ist, die Zügel in die Hand zu nehmen, wenn du zu viel nachdenkst und dein Gehirn bewusst zu stoppen, wenn es beginnt, in eine negative Spirale zu geraten. Hier kommt deine neu entdeckte Gewohnheit der Achtsamkeit ins Spiel. Wenn du dir darüber bewusst bist, wann du zu viel nachdenkst, kannst du damit aufhören. Vielleicht hörst du nicht sofort damit auf, und vielleicht auch nicht den ganzen Tag lang, aber wenn du anfängst, deine Gedanken zu bemerken und sie zu stoppen, wirst du in Zukunft einen großen Schritt weiter kommen.

Denk auch daran: Es kann sein, dass du ein paar Mal ausrutschen wirst und dass du anfangs nicht jedes Mal merkst, dass du zu viel nachdenkst. Das ist in Ordnung. Diese Übung ist etwas, das mit dir wächst, je länger du sie machst. Gib nicht auf, sondern mach weiter.

Verlangsamen

Verlangsame deine Gedanken sofort, nachdem du sie angehalten hast. Einer der Gründe, warum unser Gehirn in der Lage ist, mit übermäßigem Nachdenken davonzukommen, ist, dass es ein Wirbelwind ist. In der einen Minute machen wir uns einfach nur Sorgen über eine unglaublich berechtigte Sache, und im nächsten Moment befinden wir uns plötzlich in einem außer Kontrolle geratenen Gedankenzug und in negativen Kreisläufen, von denen wir (manchmal) nicht einmal wussten, dass sie ein Problem darstellen.

Wenn du dein Gehirn zur Verlangsamung zwingst, kannst du feststellen, wohin dein übermäßiges Denken geht, und diese Gedanken bewusst stoppen. Dieser Schritt ist unglaublich schwierig und erfordert viel Konzentration, Energie und Übung. Wie man seine Gedanken verlangsamt, ist leichter gesagt als getan. Man muss einfach damit beginnen, jeden einzelnen Gedanken und jede einzelne Emotion, die einem durch den Kopf geht, fast schneckenartig zu verarbeiten. Die Umsetzung hängt wirklich davon ab, was für dich funktioniert. Manche Menschen ziehen es vor, sich durch geschlossene Augen und tiefe Atmung in einen fast meditativen Zustand zu versetzen, andere ziehen es vor, sich in einen ruhigen Raum zu begeben oder Kopfhörer aufzusetzen. Andere wiederum erreichen es durch schiere Entschlossenheit und Willenskraft. Die Methode, die für dich am besten funktioniert, musst du durch Ausprobieren herausfinden.

Aber wenn man sie gefunden hat, ist man auf Gold gestoßen.

Übernimm die Kontrolle über deine Emotionen

Die Verlangsamung deiner Gedanken ermöglicht dir dann den nächsten Schritt der Selbsterkenntnis: die Kontrolle deiner Emotionen. Unsere Emotionen sind schwer zu kontrollieren, denn viele von ihnen sind unmittelbare Reaktionen auf etwas, das um uns herum geschieht. Manchmal geschehen sie, ohne dass wir uns dessen überhaupt bewusst sind, was wir getan haben.

Eine gute Möglichkeit, diese Art von emotionaler Reaktion zu stoppen, besteht darin, dein Gehirn anzuhalten und zu verlangsamen. Die Verlangsamung deines Gehirns und seiner Gedanken gibt dir den Raum, um zu bewerten, welche Emotion du verwendest und mit welcher du reagierst, und gibt dir sogar die Möglichkeit zu erkennen und zu entscheiden, ob dies die richtige oder angemessene Emotion für das Szenario ist.

Ehrlich gesagt, wird dies nicht immer der Fall sein. Selbst

Menschen, die über ein ausgezeichnetes Bewusstsein verfügen, werden immer noch weinen oder schreien, wenn sie Angst haben oder sich in einer äußerst riskanten Situation befinden. In solchen Momenten ruhig zu sein, erfordert jahrelanges Training und ist etwas, das man sich nicht nur erarbeiten muss, sondern in das man sich immer wieder hineinversetzen muss, um es zu schaffen und zu erhalten. Darum geht es in diesem Buch aber nicht. In diesem Schritt geht es um die Fähigkeit, nicht sofort verbal oder gedanklich um sich zu schlagen, wenn uns jemand beleidigt, oder um die Fähigkeit, unsere Emotionen zu bemerken und zu zerlegen, wenn wir merken, dass wir zu viel nachdenken und eine Sorge fortsetzen oder einen negativen Kreislauf in unseren Gedanken aufrechterhalten.

Bevor einige von euch denken, dass die Kontrolle eurer Emotionen bedeutet, sie zu stoppen, das ist absolut nicht das, was hier gesagt wird. Seine Gefühle zu kontrollieren bedeutet einfach, dass man entscheiden kann, mit welchem Gefühl man denkt und mit welchem man handelt. Verletzt oder verärgert zu sein, wenn einem tatsächlich etwas angetan wurde, ist völlig legitim und etwas, wofür man sich nicht schämen sollte. Es ist die Art und Weise, wie du darauf reagierst und diese Emotionen zeigst, die die Dinge ein wenig durcheinander bringen kann. Ob du dir dessen bewusst bist oder nicht, das Überdenken als Reaktion auf einen Auslöser ist eigentlich ein Ausdruck dieser

Emotionen, selbst wenn du der/die Einzige bist, der/die das Überdenken beobachtet. Letzten Endes ist das Überdenken eine Reaktion auf die Handlung einer Person oder eine Situation, die du vollständig kontrollieren kannst. Verärgert zu sein ist legitim. Wütend zu sein ist legitim. Wenn du diese Szenarien so weit überdenkst, dass du Angst, Depressionen oder andere negative Gedanken entwickelst, ist das vielleicht nicht der gesündeste Weg, diese Emotionen zu verarbeiten - auch wenn du sie immer noch fühlst.

Tagebuch

Jetzt, da du weißt, wie du deine bewusste Denkweise stärken kannst, ist es an der Zeit, tief in dich selbst einzutauchen. Stell dir diese Fragen und denk eine Weile über sie nach. Lass deinen Verstand und deine Emotionen beginnen, die Antworten wirklich zu erforschen.

- Wie bewusst bist du dir gerade über deine Gedankengänge?

- Wie kannst du deine Praxis der bewussten Denkweise täglich umsetzen?

- Gibt es eine bereits bestehende Gewohnheit, auf die du

aufbauen kannst?

- Wie kannst du dich selbst daran erinnern, aufzuhören, wenn du merkst, dass du anfängst, zu viel nachzudenken?

- Wie wirst du beginnen, deine Gedanken zu verlangsamen, um deine Gefühle zu kontrollieren?

- Bist du bereit, zu lernen, deine Gefühle zu kontrollieren?

- Brauchst oder hast du einen Partner, der für dich einsteht?

KAPITEL 4

Der schnellste Weg, nicht mehr zu viel nachzudenken

So etwas wie Überdenken zu stoppen, besteht im Wesentlichen aus zwei Teilen. Der erste, der in diesem Kapitel behandelt wird, befasst sich mit konkreten Taktiken und Dingen, die du sofort oder relativ kurzfristig tun kannst, um die Reise zu beginnen. Der zweite Schritt, der im nächsten Kapitel behandelt wird, befasst sich mit längerfristigen Fortsetzungen dessen, was im ersten Schritt besprochen wurde.

Dieses Kapitel baut auf dem auf, was im vorangegangenen Kapitel über die Selbstwahrnehmung besprochen wurde. Das bedeutet, dass diese Schritte davon ausgehen, dass du an der Entwicklung und Stärkung deines geistigen Bewusstseins arbeitst, und dass es Schritte gibt, die diese Art von Denkweise und Praxis beinhalten. Darüber hinaus wird die Art und Weise, wie du deine Selbstwahrnehmung aufbaust und umsetzt (d.h.

der Abschnitt über die Umsetzung und den Aufbau von Gewohnheiten), unglaublich nützlich sein, um mit den folgenden Prinzipien und Veränderungen in deinen derzeitigen Denkmustern zu beginnen.

Kognitiver Ersatz

Hast du schon einmal von dem Sprichwort gehört, dass die Natur ein Vakuum verabscheut? Damit ist das Konzept gemeint, dass alles in dieser Welt, von der Natur bis zu unserem Körper, ein Gleichgewicht von Aktion und Reaktion hat, und wenn dieses Gleichgewicht gestört ist, passt sich etwas an, um das zu ersetzen, was fehlt. Man kann dies in der Welt sehen, wie sich Tiere an die Umgebung von Städten anpassen (z. B. Vögel, die neue Nistplätze brauchen und diese auf Balkonen von Wohnanlagen oder in Bäumen finden, die sie normalerweise nicht nutzen würden), und wie sich unser Körper an das Fehlen bestimmter Enzyme oder Fähigkeiten anpasst. Das Gleiche gilt für deinen Geist. Die Lösung für übermäßiges Denken besteht nicht darin, einfach aufzuhören und weiterzumachen. Dein Gehirn wird das nicht gut verkraften, denn es gibt jetzt all diese ungenutzte Energie, Denkmuster und Absichten für das, was dein Gehirn gerade tun wollte.

An dieser Stelle kommt der kognitive Ersatz ins Spiel. Kognitiver Ersatz bedeutet im Wesentlichen, eine Denk- oder Verhaltensweise des Gehirns zu ersetzen. Das kann etwas so Einfaches sein wie die Neuverdrahtung deines Gehirns für die Art und Weise, wie es versucht, Probleme zu lösen, bis hin zu dem Versuch, bewusstere Konzentrationszeiten zu schaffen, indem du Tagträume stoppst oder in vorher festgelegte Zeiträume umleitest. In Bezug auf übermäßiges Denken bedeutet kognitiver Ersatz, dass du deine übermäßigen Gedanken durch etwas anderes ersetzt.

Vorzugsweise sind diese Ersatzgedanken positiv und hilfreicher für dein Gehirn, deinen Tag und deine gesamten Prozesse als das, was dein Überdenken bisher gebracht hat. Ja, das klingt hart, und so war es auch gemeint. Dein zu viel denkendes Gehirn, auch wenn es manchmal unglaublich gerechtfertigt ist, hat dir in Bezug auf deine geistige Gesundheit und deine Denkfähigkeit keinen Gefallen getan. Ja, du kannst das tun. Nein, ein Überdenker zu werden, war nicht dein Ziel, deine Absicht oder wirklich deine Schuld. Aber gleichzeitig hast du es fortgesetzt - bewusst oder unbewusst - und es ist an der Zeit, es in den Griff zu bekommen und damit zu beginnen, dieses Muster zu ändern. Beginne mit kognitivem Ersatz.

Aufbauend auf dem Abschnitt über Gewohnheiten im letzten Kapitel solltest du dir überlegen, wie du proaktiv kognitiven

Ersatz in deinen Tagesablauf einbauen kannst. Das könnte z. B. so aussehen, dass du eine Dankbarkeitsübung einführst, wenn dein Gehirn anfängt, sich negativ zu entwickeln, oder dass du einen Zettel neben dir liegen hast, auf dem du aufschreibst, was dich frustriert und wie du dieses Problem lösen könntest. Die kognitive Erneuerung muss kein großes 12-Schritte-Programm sein. Es kann so schwierig oder so einfach sein, wie du es willst.

Da wir mit den kleinen Dingen beginnen, ist es wirklich empfehlenswert, dass du den einfachen Weg wählst.

Selbsterkenntnis und Einsicht

Wie im vorangegangenen Kapitel erwähnt, ist die Selbstwahrnehmung eine der wichtigsten Zutaten im Kampf gegen übermäßiges Denken und zur Unterbindung dieser Denkmuster. Die Einbeziehung der Rückschau in deine Selbstwahrnehmungstaktik ist eine großartige Möglichkeit, deinen Bewusstseinsfortschritt zu beschleunigen und deinen Verstand neu zu trainieren, um neue Formen des Bewusstseins zu finden und zu implementieren.

Falls dieser Begriff für dich neu ist: Rückschau bedeutet, dass man auf ein Szenario, ein Gespräch oder sogar ein Gefühl zurückblickt, um herauszufinden, warum und wie man sich so gefühlt und reagiert hat, und ob diese Reaktion das war, was man zeigen wollte; und wenn nicht, wie man das beim nächsten Mal ändern kann.

Die Einsicht ist ein großartiges Lernmittel, um übermäßiges Denken zu überwinden, denn sie zwingt dich dazu, Szenarien in kleine Häppchen verdichteter Informationen aufzuteilen. Du nimmst eine Handlung und bündelst sie mit deinen Gedanken und Gefühlen zu dieser Handlung und beginnst dann zu analysieren, wie und warum sie funktioniert hat oder nicht. Dies ist auch eine großartige Technik des Selbstlernens, die du in Zukunft anwenden kannst.

Ein Beispiel: Josh hatte einen frustrierenden Tag auf der Arbeit. Alles, was schief gehen konnte, ging auch schief. Während seiner Mittagspause nahm sich Josh einen Moment Zeit, um auf einige der Szenarien zurückzublicken, die er gerade durchlebt hatte, um zu sehen, wie er sie gehandhabt hatte. Bei der Analyse stellte er fest, dass die meisten Interaktionen und Reaktionen von seiner Seite aus gut gehandhabt wurden, nur eine war etwas negativ und hatte dazu geführt, dass er leicht in eine Spirale geraten war. Obwohl er die Anfänge seiner Grübelspirale bemerkt hatte, sah sich Josh diesen Vorfall genauer an.

Es ging um ein spezielles Arbeitsprojekt mit ein paar seiner Teammitglieder. Das Projekt lief nicht gut und eines der

Teammitglieder ignorierte Joshs Rolle in der Gruppe, die darin bestand, die Arbeit der anderen zu bearbeiten. Das ging schon eine ganze Weile so, aber heute waren die Versuche der Person, ihre Unfähigkeit zu rechtfertigen, das zu tun, was Josh von ihr verlangte, einfach zu viel. Er schrie sie zwar nicht an, aber Josh war definitiv kurz angebunden und etwas schroffer als sonst. Nachdem das Teammitglied gegangen war, hatte Josh ungewollt 10 Minuten damit verbracht, sich über seinen Kollegen zu ärgern und nichts zustande zu bringen. In der Gegenwart analysierte Josh, warum er seinem Kollegen gegenüber so kurz angebunden war und warum die ganze Interaktion so verlaufen war. Er nahm seine Frustration zur Kenntnis und notierte sich in seinem Terminkalender, dass er mit dem Vorgesetzten darüber sprechen wollte, wie die Rollenverteilung im Team geändert oder verstärkt werden könnte, und begann dann, seine Gefühle und Reaktionen zu analysieren. Josh untersuchte, was ihn so frustriert hatte, was für diese Frustration verantwortlich war und was er tun konnte, um diese Frustrationen und seine Handlungen in Zukunft zu minimieren. Außerdem begann er, bestimmte Auslöser zu identifizieren und ging Szenarien durch, wie er es in Zukunft vermeiden konnte, so jähzornig zu sein (falls überhaupt möglich). Nach dem Mittagessen entschuldigte er sich auch bei seinem Kollegen.

Das war ein etwas langes Beispiel, also lass uns das

aufschlüsseln. Beginnen wir zunächst mit den positiven Aspekten. In diesem Beispiel hat Josh sofort erkannt, dass er das Szenario mit seinem Kollegen neu analysieren und bewerten muss. Das ist gut, denn es zeigt, dass Josh sich seiner selbst bewusst ist und erkannt hat, dass er im Nachhinein (oder wenn er mehr Abstand zu diesem Szenario hat) in der Lage sein würde, die Verantwortlichkeiten zu klären und eine neue Sicht der Dinge zu gewinnen. Josh hat auch seine Frustrationen erkannt und verarbeitet. Nirgendwo in diesem Buch wird gesagt, dass deine Gefühle ungültig sind. Josh erkannte jedoch, dass seine Emotionen zwar gültig waren, seine Reaktion und sein Umgang mit ihnen jedoch nicht. Außerdem machte Josh aus seiner Frustration eine proaktive Handlung, indem er sich notierte, diesen Mitarbeiter mit einem Vorgesetzten zu besprechen, um das Problem zu lösen. Als Nächstes begann Josh, die Interaktion zu analysieren, um zu entscheiden, wofür er verantwortlich war (auch bekannt als Grenze) und welche dieser Verantwortlichkeiten er beheben oder bei welchen er helfen konnte, im Vergleich zu dem, wofür er nicht verantwortlich war. Josh begann dann, Pläne zu machen, wie er seine Grenzen oder Frustrationen in Zukunft vermeiden und beheben könnte, und beendete die gesamte Gedankensitzung, indem er sich bei seinem Mitarbeiter entschuldigte.

Kleine Notiz

Einige von euch werden vielleicht denken, dass die Entschuldigung bei dem Mitarbeiter unnötig war, und das ist eine von Fall zu Fall zu treffende persönliche Entscheidung. In diesem Fall war sie notwendig, weil der Mitarbeiter von Josh mehr Frustration abbekam, als es der Situation angemessen war.

Wie du an diesem Beispiel sehen kannst, ist die Rückschau ein hervorragendes Instrument zur Bekämpfung des Überdenkens. Ein überdenkendes Gehirn ohne Kontrolle oder gute Gewohnheiten hätte dieses Szenario noch schlimmer gemacht (höchstwahrscheinlich in deinem eigenen Kopf), indem es sich auf alle negativen Aspekte der Situation fixiert hätte und darauf, wie sie alles andere noch schlimmer macht, usw. Josh hat diese Möglichkeit zwar nie geleugnet, aber er hat sich auch nicht auf diese Möglichkeit fixiert. Vielmehr nutzte er die Rückschau, um sich seine eigenen Fehler einzugestehen und zu erkennen, was er hätte besser machen können, und er machte Pläne, wie er sich in Zukunft verbessern könnte.

Konzentriere dich auf das, was richtig laufen kann

Das klingt vielleicht ein bisschen zu sehr nach "Konzentriere dich auf das Positive!", was die Denkweise angeht, und obwohl es in diesem Abschnitt definitiv Elemente dieser Mentalität gibt, geht er nicht so weit. Ein Teil des Problems mit Überdenkern besteht darin, dass sie sich normalerweise nur auf die negativen Seiten des Lebens konzentrieren (es ist ziemlich selten, dass ein Überdenker positiv ist, normalerweise sind das nur unglaublich hoffnungsvolle Optimisten). Im Vergleich zu den Überdenkern, die überwiegend negativ sind, und den hoffnungsvollen Optimisten, die an zu viel Positives grenzen, gibt es einen glücklichen Mittelweg.

Das heißt: Konzentration auf das, was gut laufen kann.

Zum Glück klingt das genau nach dem, was du tun sollst. Der Kampf gegen übermäßiges Denken besteht im Wesentlichen darin, alles zu tun, was du tun kannst, um sicherzustellen, dass die Negativität, an die dein Gehirn so gewöhnt ist, nur bei Bedarf produziert wird. Dazu gehört auch, dass du dich darauf konzentrierst, festzustellen, wann die Dinge tatsächlich gut laufen können oder was du tun kannst, damit sie gut laufen. Das kann etwas so Einfaches sein wie die Erinnerung daran, dass es nicht so schlimm sein muss, dass es vielleicht gar nicht so schlimm ist, oder dass es etwas Gutes in der Welt gibt.

Ein gutes Beispiel wäre, sich eine einzige Sache zu überlegen, von der du weißt, dass sie richtig und positiv ist, um das

Überdenken zu bekämpfen. Nehmen wir an, dein Gehirn neigt dazu, in Form von Selbsthass zu viel zu denken, und der Gedanke "Ich bin schlecht im Umgang mit anderen" ist ein häufiger Gedanke, den du hast, wenn etwas schief läuft. Du kannst dich auf das konzentrieren, was gut gehen kann, indem du diesen Gedanken mit "Ich bin vielleicht ein bisschen unbeholfen, aber manchmal läuft es gut und ich habe eine gute Zeit" bekämpfen.

Wenn es darum geht, sich auf das zu konzentrieren, was gut laufen kann, musst du wirklich klein anfangen. Es ist sehr, sehr einfach, dein überdenkendes Gehirn in ein Gehirn zu verwandeln, das sich an toxischer Positivität festgebissen hat, die dann den Kreislauf auf eine andere Art und Weise fortsetzt. Übe, was im obigen Beispiel erwähnt wird, nämlich ein negatives Denkmuster in eine Anerkennung der grundlegenden Wahrheit umzuwandeln, die mit einer positiven Erfahrung aus der Vergangenheit verknüpft wird. Dies wird deinem Gehirn helfen, zu erkennen, wann die Übergeneralisierungen deiner negativen Denkmuster begonnen haben, deine Gefühle für die Übergeneralisierungen zu bestätigen und dann damit zu beginnen, die negativen Übergeneralisierungen mit bekannten, wahren, positiven Dingen zu bekämpfen.

Der richtige Blickwinkel

Die Perspektive ist immer wichtig. Sie hilft uns, andere Menschen zu verstehen, unseren eigenen Gefühlen auf den Grund zu gehen, und hilft uns sogar dabei, zu erwarten, wie manche Menschen in bestimmten Situationen reagieren oder sich verhalten werden. Sie ist auch der Schlüssel zum Überdenken, denn sie zwingt ein überdenkendes Gehirn dazu, sich einzugestehen, wo das Überdenken seinen Ursprung hat und wo dieser Gedankengang falsch ist.

Wenn wir uns in einer Negativspirale befinden, weil wir zu viel nachdenken, ist unser Gehirn völlig unbewusst und kümmert sich, offen gesagt, nicht mehr um die Perspektive für dieses Szenario, diesen Kommentar, diese Handlung oder diesen Gedanken und darum, wie alles zustande kam. Es folgt einfach dem mentalen Pfad, den es seit langem aufgebaut hat. Das Hinzufügen einer Perspektive kann wie das große rote "STOP"-Schild wirken, das wir auf der Straße sehen. Es bewirkt, dass das Überdenken tatsächlich aufhört, weil die Gefühle und Gedanken, die es in uns auslöst, plötzlich in Frage gestellt werden.

Auch hier geht es nicht darum, dass diese Emotionen ungültig sind, sondern vielmehr um die Frage, ob diese Emotionen tatsächlich auf dem ursprünglichen auslösenden Szenario

beruhen. Wahrscheinlich hast du das selbst schon bemerkt.
Wenn unser Gehirn im Überdenken-Modus ist, ist es sich nicht
mehr vollständig bewusst, wie die Dinge zusammenhängen,
denn die Negativspirale ist ein bereits bestehender mentaler
Pfad, auf den unser Gehirn viele Wege gefunden hat, und es ist
ihm egal, wie es dorthin kommt. Wenn du das auslösende
Ereignis plötzlich in eine andere Perspektive rückst, kannst du
dein Gehirn aus seinem vorbestimmten Zustand herausreißen
und tatsächlich anfangen zu überlegen, was es denkt und
warum. Es ist ziemlich schwer, sich weiterhin geistig
aufzuregen, wenn die Perspektive dein Gehirn daran erinnert,
dass du dich ursprünglich über etwas völlig Unbeteiligtes
aufgeregt hast.

Manchmal ist dieser Ruck der Realität genau das, was wir
brauchen, um die anderen guten Gewohnheiten, die bisher in
diesem Buch besprochen wurden, umzusetzen, und er wird dir
sicherlich sehr dabei helfen, die anderen guten Gewohnheiten,
die in den kommenden Kapiteln besprochen werden,
einzuführen.

Und jetzt kommt der Clou: Die Perspektive, die du verwendest,
muss die richtige sein; das bedeutet nicht, dass sie rechts ist oder
die richtige Antwort. Sie muss richtig sein im Sinne von, das war
die Realität dessen, was passiert ist. Diese Art von Perspektive
ist manchmal schwer zu merken oder einzugeben, weil sie unser

Gehirn dazu zwingt, sich an ein sehr aktuelles traumatisches oder auslösendes Ereignis zu erinnern. Es gibt jedoch viele Momente, in denen unser überdenkendes Gehirn einen Schlag auf den Kopf braucht, um die Realität zu überprüfen (auch bekannt als Perspektive). Selbst wenn diese Realität nicht angenehm ist oder etwas, zu dem wir nicht zurückkehren wollen. Wenn wir uns gedanklich an den "Tatort" zurückbegeben, kann das zahlreiche Vorteile mit sich bringen. Es kann die Tatsachen bekräftigen (die unser überdenkendes Gehirn wahrscheinlich ignoriert oder verdreht hat), es kann uns daran erinnern, warum wir ursprünglich verärgert waren (oder es als einen Reset betrachten, um eine tatsächliche Lösung zu finden), und es kann uns aus unserer negativen mentalen Abwärtsspirale herausbringen.

Die Umsetzung dieser Taktik zur Beendigung des Überdenkens ist eine der schwierigsten Aufgaben, denn sie erfordert viel geistige Ehrlichkeit und Transparenz. Bitte beachte, dass dies kein grünes Licht dafür ist, sich weiterhin geistig zu verprügeln. Selbst Menschen, die ihr Überdenken längst in den Griff bekommen haben, tun sich immer noch schwer damit, die richtige Perspektive in ihrem Kopf umzusetzen. Und warum? Weil diese Perspektive so transparent macht, wo wir etwas falsch gemacht haben, was wir falsch gemacht haben, wo wir hätten besser sein können oder wo wir angefangen haben, zu

111

viel zu denken. Sie wird dich dazu bringen, deine Fehler und Schwachstellen in Echtzeit zu sehen. Das ist genau der Punkt, an dem dein Überdenken einsetzt. Es ist lustig, dass eines der Dinge, die wir benutzen, um das Überdenken zu stoppen, in Wirklichkeit auch der Grund dafür sein kann. Denk einfach daran, dein Bestes zu geben und versuche, dir deiner Gedanken und deren Ursache bewusst zu werden.

Sei dir deiner Emotionen bewusst

Dieser Schritt ist eng mit vielen Teilen dieses Buches verknüpft, aber er wurde in dieses Kapitel aufgenommen, weil es ein schneller Weg ist, das Überdenken zu beenden, wenn du dir deiner Gefühle bewusst bist - auch wenn du zu viel nachdenkst. Sich seiner Emotionen bewusst zu sein, unterscheidet sich auch von der Selbsterkenntnis, denn dieser Schritt setzt voraus, dass du dir bewusst bist, welche Emotionen dich in die Spirale gebracht haben, und dass du sie akzeptierst.

Da hast du es.

Eine der wichtigsten Methoden zur Bekämpfung des Überdenkens besteht nicht nur darin, dem Gehirn neue und positive Gedanken zu schenken, sondern auch die Emotionen zu akzeptieren, die dazu geführt haben, dass man überhaupt außer Kontrolle geraten ist. Verdrängte oder ignorierte Emotionen stauen sich in uns, und wie sie herauskommen, ist chaotisch, schädlich und normalerweise in einem Szenario, von dem wir offen zugeben, dass es diese Art von Ausbruch nicht verdient hat. Du denkst vielleicht, dass übermäßiges Nachdenken das nicht tut, aber wie wir jetzt wissen, ist das nicht immer der Fall. Wenn du dir jeder Emotion bewusst bist und sie akzeptierst, wird der unterbewusste emotionale Flaschen- und Explosionskreislauf, den du höchstwahrscheinlich immer wieder durchläufst, gestoppt.

Ja, es ist bekannt, dass sich das viel einfacher anhört, als es tatsächlich ist. Es ist eine Menge Arbeit, seine Gefühle anzuerkennen und zu akzeptieren, denn es erfordert, dass man tatsächlich darüber nachdenkt, warum man verärgert ist, und das ist ein Weg, den viele von uns nicht gehen wollen. Um ehrlich zu sein, brauchen einige von euch bei diesem Schritt vielleicht professionelle Hilfe, denn es ist so leicht zu glauben, dass wir unsere Gefühle anerkannt und akzeptiert haben, obwohl wir das in Wirklichkeit nicht getan haben. Nur mit den Augen eines Fachmanns oder eines Partners, der mit seinen eigenen Gefühlen im Reinen ist, kann man den Unterschied erkennen. Wenn du dir deiner Emotionen bewusst wirst, hilft dir das sehr bei der Bekämpfung des Überdenkens, weil du damit beginnst, den eigentlichen Grund für dein Überdenken zu finden. Es wird dich dazu zwingen, das vergangene Trauma, das vergangene Ereignis oder den Grund zu akzeptieren und daran zu arbeiten, warum das Überdenken die Lösung ist, die sich dein Gehirn ausgedacht hat.

Tagebuch

Die erste Frage nach der Lektüre dieses letzten Abschnitts lautet also: Wie viele von euch verspüren plötzlich weniger Lust, an eurem Überdenken zu arbeiten, da ihr nun wisst, welche Arbeit und welche besondere emotionale Bewusstheit dies erfordert? Seid ehrlich.

Es ist keine Schande zu sehen, wie viel und wie hart die Arbeit tatsächlich sein wird, wenn man zu viel nachdenkt und Momente des Zweifels oder des Unwillens zum Weitermachen hat. Veränderungen sind nie einfach, und es ist garantiert, dass diejenigen, die sie erfolgreich durchgestanden haben, zu einem bestimmten Zeitpunkt gezweifelt und aufgehört haben oder aufhören wollten. Das ist kein grünes Licht für dich, tatsächlich aufzuhören, aber es ist keine schlechte Sache, anzuerkennen und dir zu helfen, zu verstehen, dass du mit deinem Wunsch nicht allein bist (wenn du es willst). Wir sind alle Menschen, und manchmal sind die komplizierten Gefühle, die mit dieser

Aussage einhergehen, einfach zu viel für uns.

Mach also eine Pause. Stell dir einen Timer für fünf Minuten und lass deine Gedanken schweifen. Mach dir eine Tasse Tee oder Kaffee, wenn du das brauchst. Aber lies auf jeden Fall dieses Buch weiter und bearbeite die folgenden Tagebuchaufforderungen. Es ist schwer, sich selbst zu verstehen und Selbstbewusstsein zu entwickeln. Du machst einen fantastischen Job, und du kannst das schaffen.

Welcher der besprochenen Abschnitte ist derjenige, mit dem du am liebsten sofort beginnen würdest? Wähle diesen aus und schreib eine kleine, täglich umsetzbare Sache auf, die du aus diesem Abschnitt in deiner täglichen Routine tun könnest, um dein Selbstbewusstsein zu stärken.

Wie gut ist deine Selbstwahrnehmung bereits? Wo musst du dich verbessern?

Gibt es Teile von dir, die glauben, dass du für diesen Abschnitt mehr professionelle Hilfe benötigst, um deine Tendenz zum Überdenken zu bekämpfen?

KAPITEL 5

Alle negativen Gedanken
loswerden

Da du nun weißt, wie du mit dem Überdenken aufhören kannst, ist es an der Zeit, zum zweiten Schritt überzugehen, der darin besteht, das im vorigen Kapitel Besprochene mit einem sehr spezifischen Ziel fortzusetzen: alle negativen Gedanken und negativen Zyklen loszuwerden.

Es klingt fast zu einfach, um wahr zu sein (was sich als eines der Markenzeichen für die Beendigung des Überdenkens herausgestellt hat), aber die verschiedenen Arten von Negativspiralen zu stoppen, kann Wunder bewirken, um das Überdenken auf lange Sicht zu bekämpfen. Als Überdenker ist dein Gehirn leider bereits auf Negativität eingestellt, wie wir bei der Erörterung der verschiedenen Erscheinungsformen eines überdenkenden Gehirns gesehen haben. Zwanghaftes Denken, Grübeln und die Ursache von Ängsten sind allesamt negative mentale Gewohnheiten. Aber was bedeutet das nun für dein Gehirn? Wahrscheinlich bist du dir bereits darüber im Klaren, dass dies bedeutet, dass dein Gehirn ziemlich schnell in negative Bahnen gelenkt wird. Selbst die kleinste Kleinigkeit oder Störung in deinem Tag, deinem Leben oder einem Szenario kann eine negative Gedankenspirale auslösen. Das ist etwas, das du höchstwahrscheinlich nicht vollständig kontrollieren kannst, auch wenn du dir dessen bewusst bist. Dein Gehirn hat sich so sehr daran gewöhnt, negative Lügen über das Leben oder über sich selbst zu sehen, umzusetzen und sich selbst zu erzählen, dass es zu einer wirklich, wirklich schlechten Angewohnheit geworden ist. Eine, die du höchstwahrscheinlich nicht abstellen kannst, selbst wenn du es willst.

Deinen mentalen Negativitätskreislauf loszuwerden, zu verändern oder zu ersetzen, wird jedoch einer der besten Wege zum Erfolg sein; es wird aber auch der schwierigste sein. Bei diesem Schritt, dieser Phase oder diesem Kapitel gibt es nichts zu beschönigen. Den Negativitätskreislauf zu bekämpfen und loszuwerden, wird höchstwahrscheinlich eines der schwierigsten Dinge sein, die dir dieses Buch vorschreiben wird. Seien wir ehrlich: Alles, was im vorangegangenen Kapitel besprochen wurde, umzusetzen, ist jetzt relativ einfach, denn du bist begierig, diese Reise zu beginnen. Dieses Buch hat dich auf Touren gebracht, und du bist bereit, loszulegen. Aber was ist, wenn der Schwung nachlässt oder du einen besonders schweren Tag hast? Oder was ist, wenn dein Gehirn automatisch einen Negativitätskreislauf in Gang setzt?

Hier kommen Fleiß, Entschlossenheit und der persönliche Wunsch ins Spiel. All dies kann ergänzt werden, indem man sich angewöhnt, alles negative Denken abzulegen.

Der Teufelskreis der Negativität

Die gute Nachricht ist, dass du dir jetzt höchstwahrscheinlich einiger dieser Spiralen bewusst bist und vielleicht begonnen hast zu analysieren, was sie ausgelöst hat und wie sich deine Negativität besonders manifestiert. Die Tatsache, dass du dir bewusst bist, wenn du negativ außer Kontrolle geraten und in tiefe Depressionen, Sorgen oder andere Formen des Überdenkens verfällst, ist eine gute Sache (auch wenn es vielleicht nicht so aussieht). Sich dessen bewusst zu sein, ist ein guter Schritt, denn so kannst du beginnen, deine Gedanken in den Griff zu bekommen und sie zu bekämpfen.

Was noch besser ist (sozusagen), ist, dass der Negativitätszyklus eigentlich ein sehr einfacher Prozess mit zwei Schritten ist. Erstens gibt es ein auslösendes Ereignis, und zweitens greift dein Gehirn darauf zurück und beginnt automatisch eine

Negativspirale. Die Einfachheit des Negativitätskreislaufs ist eine gute Sache, denn es gibt tatsächlich weniger Dinge, die du beachten und bekämpfen musst. Auch wenn es sich um unglaublich harte, allgegenwärtige und heimtückische Dinge handelt, musst du nur zwei Schritte unternehmen, um sie zu erkennen und zu ändern.

Wo liegt also das Problem?

Das Problem ist, wie leicht dein Gehirn jetzt in eine Negativspirale geraten kann. Natürlich gibt es Ereignisse, Auslöser oder Szenarien, bei denen eine Negativspirale wirklich verständlich und nachvollziehbar ist. Dabei kann es sich um einschneidende Lebensereignisse wie eine schwere Trennung, einen Todesfall, den Verlust eines Arbeitsplatzes oder sogar einen Umzug in eine neue Stadt handeln, bei dem wir ganz neu anfangen müssen. Wenn unsere Gehirne und Körper überfordert sind, gibt es definitiv einen sehr, sehr starken Drang, entweder optimistisch oder negativ zu sein. Nicht viele Menschen entscheiden sich dafür, die Mitte zu wählen. Diese Szenarien - nicht dass es gesund wäre, sich in eine Negativspirale zu begeben - sind fast leichter wieder zu verlassen, weil die Lösungen für diese Spiralen einem aufgezwungen werden, wie z. B. einen neuen Job zu finden, eine neue Beziehung einzugehen, sich selbst zu heilen oder Freunde und ein neues Leben in einer neuen Stadt zu finden.

Aber diese Art von Ereignissen sind höchstwahrscheinlich nicht das, was du oder jemand, den du kennst, leicht in eine negative Gedankenspirale bringt. Wahrscheinlich handelt es sich bei diesen Auslösern um winzige, kleine Dinge, die für manche Menschen ein unschuldiges Problem oder eine kleine Millisekunde der Frustration sind. Doch für ein übermäßig denkendes und negatives Gehirn können diese Ereignisse katastrophale Folgen haben. Sie könnten sogar durch einen unschuldigen kleinen negativen Gedanken ausgelöst werden, wie z. B. "Oh, ist das nicht einfach toll? (gesagt mit aller nur denkbaren inneren Frustration und Sarkasmus). Es ist wirklich traurig und irgendwie beängstigend, dass dies alles sein könnte, was nötig ist, um dein Gehirn davon zu überzeugen, eine Spirale der Negativität in Gang zu setzen: aber da hast du es. Es ist so einfach. Es braucht nur diesen einen Moment, und alles Positive, das dir an diesem Tag widerfahren ist, ist vergessen. Nicht, dass dein Gehirn die positiven Dinge des Tages nicht anerkennen würde, wenn es daran erinnert würde, aber ein Gehirn, das zu viel nachdenkt und sich in einer Negativspirale befindet, neigt dazu, diese Dinge zu vergessen, bis sie in einer aggressiven Erinnerung buchstäblich in den Vordergrund des Geistes gerückt werden.

Seien wir ehrlich, wir alle kennen diese Momente, in denen diese winzigen kleinen Ärgernisse unsere ganze Stunde oder vielleicht sogar unseren ganzen Tag ruinieren. Das Problem ist, dass selbst dieses winzige Eingeständnis für ein zu sehr denkendes Gehirn wie Kryptonit wirken kann, um den Negativitätszyklus in Gang zu setzen.

Warum?

Um den Kreis zu schließen: Die Antwort ist, dass dein Gehirn so sehr daran gewöhnt ist, negativ zu sein. Nein, das bedeutet nicht, dass du die Negativität, die du empfindest, nicht bestätigen kannst oder dass du diese falsche und giftige Form der Positivität schaffen musst, um den negativen Kreislauf zu stoppen. Um deinen Negativitätskreislauf tatsächlich zu durchbrechen und zu bekämpfen, musst du eine Menge Selbstkontrolle, Selbstbewusstsein und Entschlossenheit aufbringen, um diese schwierigen Momente zu überstehen.

Starte den „ Brain Dump"

An dieser Stelle beginnt man zu verstehen, wie man seine Negativität loswerden kann. Im Wesentlichen ist die Beseitigung von Negativität eine Fortsetzung der Vorschläge zur kognitiven Erneuerung und zur Steigerung des Selbstbewusstseins aus dem vorherigen Kapitel. Nach Angaben der Calm Clinic sind die Schritte, um mit der Beseitigung aller negativen Gedanken zu beginnen, folgende: Installation und Arbeit an deinem Bewusstsein durch Identifizierung und Aufzeichnung, Wahrheitsfindung und Analyse deiner Gedanken und Gefühle, Auseinandersetzung mit den negativen Gedanken, Suche nach einem positiven Ersatz und Setzen realistischer Ziele (Abraham, 2022).

Kleine Notiz

Die Einführung von kognitivem Ersatz ist schwierig und lässt sich nicht ohne weiteres allein bewerkstelligen. Achte darauf, dass du in dieser Phase jemanden dabei hast, denn die folgenden Schritte könnten leicht übertrieben werden, zu einem Ersatz für Negativität werden, toxische Positivität einführen oder sogar zu einem neuen Schritt im Negativitätszyklus deines Gehirns werden. Das soll nicht heißen, dass du das nicht allein tun kannst, aber wenn du ein extremer Überdenker bist, ist es sogar sehr empfehlenswert, eine sichere Person dabei zu haben, die weiß, was du versuchst, um deinen Geist klar und auf dem richtigen Weg zu halten.

Identifizierung und Aufzeichnung

Bewusstheit ist der erste Schritt, um deine negativen Gefühle loszuwerden. Wenn du dir die geistige Disziplin und Selbsterkenntnis aneignest, dir deiner Gedanken und Gefühle bewusst zu werden, während sie auftreten (zumindest für die meisten), kannst du erkennen, wann du dich negativ verhältst und in eine Abwärtsspirale gerätst.

Die schlechte Nachricht ist, dass es, nur weil du dir dessen bewusst bist, nicht unbedingt einfacher wird, deine negativen Zyklen zu stoppen. Es kann sogar sein, dass es eine Zeit lang schlimmer wird, weil dein Gehirn zwar weiß, was es tut und was passiert, aber dein Wille und dein Verstand immer noch im Krieg darüber sind, was zu tun ist. Vielleicht bekämpfst du die alten Gewohnheiten der Negativität mit allem, was in diesem Buch bisher zur Sprache gekommen ist, aber dein Verstand akzeptiert diese Konzepte nicht vollständig.

Zum Beispiel: Vielleicht hast du angefangen zu glauben, dass du wirklich schlecht in einem Hobby bist, das du in den letzten Jahren genossen hast. Obwohl du technisch gesehen weißt, dass du besser wirst, hat dein Negativitätskreislauf dazu geführt, dass du die kalte, harte Wahrheit in Form von Videos, Fotos oder sogar Aussagen von Gleichgesinnten nicht glaubst. Es ist ein guter Anfang, sich bewusst zu machen, wann sich dein Gehirn in einem Negativitätskreislauf befindet, der dich dazu bringt, die negativen Lügen über dich selbst zu glauben, die dein Gehirn dir auftischt. Jetzt musst du einen Schritt tiefer gehen.

Es reicht nicht aus, sich geistig bewusst zu machen, was

geschieht. Es ist großartig für den Moment, oder um sich kurzzeitig aus einer beginnenden Spirale herauszuholen, aber du musst mehr tun. Beginne damit, den gesamten Moment aufzuzeichnen. Ob in dem für dieses Buch verwendeten Tagebuch, in einer App oder sogar in einer Sprachnotiz - du musst das Szenario, deine Gefühle und Gedanken aufschreiben, um eine Perspektive für das große Ganze zu gewinnen, anstatt sich von deinem Gehirn weiterhin mit Negativität austricksen zu lassen.

Dadurch kannst du deine Gefühle und Gedanken von dem eigentlichen Problem trennen, und viele Menschen sind in der Lage, mit der Problemlösung zu beginnen. Darauf werden wir in den folgenden Schritten eingehen (Abraham, 2022).

Analysiere

Nachdem du aufgeschrieben hast, was deine Negativität verursacht hat, wie sie sich zu manifestieren begann und welches Szenario dahinter steckt, ist es an der Zeit, das Geschriebene noch einmal zu lesen und nach Mustern in diesen Ereignissen zu suchen. Siehst du Ähnlichkeiten in irgendetwas? Zum Beispiel in dem , was gesagt wurde, wie du reagiert hast, oder wie du dir selbst gegenüber negativ geworden bist?

Diese Ähnlichkeiten weisen auf dein eigenes einzigartiges

mentales Muster hin, und das Auffinden dieses Musters wird dir helfen, deine Selbstwahrnehmung zu verbessern, mit dem Ziel, deine Negativitätsspiralen schneller zu stoppen und den Keim für die Suche nach Lösungen für diese Momente zu legen.

Die Wahrheit finden

Auf der Grundlage deiner Selbstanalyse kannst du nun endlich damit beginnen, die Lügen, die du dir selbst erzählst, zu bekämpfen. Denk daran: Nur weil dein Gehirn sehr gut darin ist, dich zu belügen, heißt das nicht, dass das, was es dir während eines Negativitätszyklus erzählt, wahr ist. Das klingt wirklich beängstigend, wenn man es auf Papier liest. Es ist unheimlich, furchtbar und einfach nur eklig zu wissen, dass dein Gehirn dich anlügen kann; aber das passiert leider ziemlich oft. Denk an den Freund oder die Freundin, der/die sich mit einem anderen Verlierer verabredet hat, obwohl du wusstest, dass es eine schlechte Idee war, aber er/sie hat darauf bestanden, dass diese Person eine gute Abwechslung ist. Oder wenn ein Freund oder ein Familienmitglied anfing zu glauben, dass diese speziellen Pillen wirken würden. Unser Gehirn ist so schlau, aber es lässt sich so leicht täuschen. Deshalb müssen wir anfangen, Säulen der Wahrheit und des Verständnisses zu errichten, um alles zu bekämpfen, woran sich unser Gehirn klammert und irgendwie zu glauben beginnt, es sei real. Das gilt auch für den Fall, dass dein Gehirn dich in einem Negativitätskreislauf anlügt.

Erinnerst du dich an die negativen, grübelnden, zwanghaften, ängstlichen und beunruhigenden Gedankenbeispiele von vorhin? Gedanken wie: wie schlecht du bist, wie niemand dich mag und wie die Dinge nicht besser werden? Das sind alles Lügen, die dein negatives Gehirn für wahr gehalten hat.

Es ist jetzt an der Zeit, dass du die Wahrheit in diesen Lügen findest.

Du kannst dies tun, indem du nach kalten, harten Beweisen suchst, um die Lügen zu bekämpfen, die dein Gehirn sich selbst erzählt. Um auf unser früheres Beispiel zurückzukommen, könntest du dir die Aufnahmen oder Fotos ansehen, die du bei der Ausübung deines Hobbys machst, um zu zeigen, dass du tatsächlich besser geworden bist. Oder du bittest deine Freunde, deine Fortschritte zu dokumentieren. Es gibt nichts Besseres, als sich frühere und aktuelle Videos anzusehen, um den Fortschritt zu erkennen und zu sehen, wie die Dinge besser werden oder sich in die von dir gewünschte Richtung entwickeln.

Andere Möglichkeiten sind Screenshots positiver Nachrichten von Kunden, Freunden oder Kollegen, das Aufschreiben von Körpermaßen oder sogar das Bitten von geliebten Menschen um kurze Nachrichten, die du auf deinem Telefon aufbewahren kannst, wie sie immer für dich da sind und dich lieben.

Das Ziel ist es, irgendeine harte Wahrheit zu haben, um deinem Gehirn zu beweisen, dass es falsch liegt.

Positive Ersetzung

An dieser Stelle kann es manchmal etwas knifflig werden. Das Ersetzen von Negativem durch Positives in deinem gedanklichen Kreislauf ist eine gute Sache, aber du musst in der Lage sein, es realistisch zu tun. Wenn man sich selbst belügt, selbst wenn dies mit einer positiven Wendung geschieht, oder wenn man nicht zulässt, dass seine negativen Emotionen anerkannt und bestätigt werden, ersetzt man eigentlich nur einen negativen Kreislauf durch einen unglaublich abgedrehten positiven Kreislauf. Und das ist nicht das, was du willst. Hast du dich schon einmal in einer stressigen Situation befunden, in der du definitiv nicht wirklich positiv gestimmt warst, es aber irgendwie geschafft hast, mit positiver Stimme zu sagen: "Es ist in Ordnung, alles wird gut", was, wenn wir ehrlich sind, wahrscheinlich mehr Sarkasmus als tatsächliche Tatsache war? Das ist nicht das, was wir hier anstreben.

Es wird nicht leicht sein, sich positive Ersetzungen einfallen zu lassen, zumal dein Gehirn wahrscheinlich alles Positive wie einen Fremdkörper behandeln wird, der vernichtet werden muss. Es wird dich eine konzentrierte Anstrengung kosten, diesen besonderen Schritt einzuleiten, aber es ist unglaublich lohnend und notwendig für dich, dies zu tun. Abgesehen davon gibt es zwei Hauptwege, um mit der Einführung positiver Ersetzungen in deinem Geist zu beginnen. Du kannst entweder mit einer neutraleren Wahrheit beginnen, die das Negative anerkennt, aber ein positives Potenzial ermöglicht, oder du kannst Formen aufrichtiger Dankbarkeit einführen.

Neutrale Wahrheit

Wenn du die Methode der neutralen Wahrheit anwendest, ersetzt du im Wesentlichen die eklatante Negativität deines Geistes, indem du die Negativität anerkennst und dann ein Argument vorbringst, um den aufkommenden Defätismus zu stoppen.

Zum Beispiel: Vielleicht hast du begonnen, dich mit Negativität von deinen sozialen Kreisen zu isolieren, mit der Lüge, dass du dich nicht amüsiert hast und niemand dich dort haben will. Eine neutrale Wahrheit zu dieser Aussage wäre z. B., sich daran zu erinnern, dass du dich dort gut amüsiert hast, auch wenn du eine Weile gebraucht hast, um mit der Atmosphäre warm zu werden, und dass deine Freunde froh waren, dass du gekommen bist.

In diesem Beispiel räumst du ein, dass es Momente des Unbehagens gab, aber du hast begonnen, den Kontext deiner Negativität neu zu formulieren, indem du offensichtliche Fakten sowie Erinnerungen und Gefühle benennst, die dein Gehirn ignoriert, wenn es deine Negativitätsspirale vorantreibt.

Die Wahrheit, mit der du dich selbst fütterst, ist die eigentliche Wahrheit, aber sie ist neutral genug, dass dein Gehirn sie tolerieren kann, während sie den doppelten Effekt hat, die Negativspirale zu stoppen.

Das Problem mit neutralen Wahrheiten ist, dass sie sich leicht in die Negativspirale fortsetzen, anstatt diese zu stoppen. Wenn du diese Lösung anwendest, musst du sicherstellen, dass die neutralen Wahrheiten stark genug sind, um dein Gehirn zu zwingen, die Negativspirale zu stoppen, und sei es nur für ein paar Minuten. Leider ist es nicht ganz einfach, ein allgemeingültiges Beispiel dafür zu finden, denn die neutralen Wahrheiten müssen sich mit dir und der jeweiligen Negativspirale befassen, so dass du diese Methode am besten durch Ausprobieren anwenden kannst. Die gute Nachricht ist, dass du, sobald du die Art von neutralen Wahrheiten gefunden hast, die für dein Gehirn funktionieren, in der Lage sein wirst, sie in der Zukunft leicht anzuwenden.

Aufrichtige Dankbarkeit

Es kann schwierig sein, Dinge zu finden, für die wir dankbar sein können, vor allem, wenn es uns nicht gut geht. Es lässt sich jedoch nicht leugnen, dass selbst die Anerkennung der einfachsten Dinge, für die man dankbar sein kann, wie z. B. dass man lebt, dass man atmet, dass die Sonne scheint, dass das

Wetter perfekt ist usw., einen großen Beitrag dazu leisten kann, dass man seine Gedanken neu ordnet (Lang, 2018). Alles, was du brauchst, ist diese eine winzige Sache. Es mag dir völlig überflüssig oder unnötig vorkommen, oder es mag dir sogar ziemlich albern erscheinen, dankbar zu sein. Aber lass dich davon nicht täuschen. Alles, was du brauchst, ist diese eine winzige Kleinigkeit.

Aber hier ist der Haken an der Sache. Es muss sich um echte und aufrichtige Dankbarkeit handeln. Sie darf nicht schnippisch oder sarkastisch sein oder sich auf das Unglück oder den schlechten Tag von jemandem beziehen. Das, wofür du dankbar bist, muss ausschließlich mit dir zu tun haben, und es muss etwas wirklich Angenehmes sein. Der Unterschied zwischen diesen beiden Dingen ist oft das, was die Leute durcheinander bringt, wenn sie versuchen, diese besondere Lösung anzuwenden.

Dankbar zu sein, dass man nicht der Verlierer oder derjenige ist, dem es schlechter geht, hat sicherlich seine Vorteile; aber letztendlich ist es so, als würde man zwei Negative miteinander vergleichen und auf ein Positives hoffen. Das mag zwar in der Mathematik und bei algebraischen Problemen funktionieren, aber in der realen Welt funktioniert es nicht so (meistens; es mag das eine oder andere Szenario geben, das nur bei dir und in deinem Umfeld vorkommt). Du musst für diese eine Sache in deinem Leben aufrichtig dankbar sein, und diese Sache muss etwas sein, das tatsächlich positiv ist. Die gute Nachricht ist, dass die Aufrichtigkeit und Dankbarkeit, die du empfindest, anfangs noch klein sein kann. Wenn du aus der Übung bist, wie man Dankbarkeit in seinem Leben anwendet, kann sich tausendprozentige, aufrichtige Dankbarkeit unecht anfühlen und fast so, als würde man zu sehr darauf drängen.

In diesem Zusammenhang ist die Aufrichtigkeit, nach der wir suchen, das kleinste bisschen Erleichterung, das du empfindest, wenn du anerkennst, dass eine Sache in deinem Tag, deiner Woche, deinem Monat, deinem Jahr oder deinem Szenario richtig gelaufen ist. Es könnte sogar sein, dass du an einem wirklich schlechten Tag einen Sonnenuntergang sehen konntest.

Realistische Ziele setzen

Realistische Ziele zu setzen mag seltsam erscheinen, wenn man das Ende der Erklärung, wie man Negativität los wird, anhängt, aber hier ist die Logik. Übermäßiges Denken ist eine Gewohnheit, und das Ziel dieses Buches und der Überwindung deines übermäßigen Denkens ist es, es durch bessere und produktivere Gewohnheiten für dein Gehirn und dein Leben zu ersetzen. Genau wie beim Aufbau einer Gewohnheit gilt auch beim Ersetzen einer Gewohnheit das Prinzip der Beständigkeit, der kleinen Schritte und des realistischen Verständnisses für sich selbst und die eigene Situation, um den Erfolg sicherzustellen.

Wenn du also dein übermäßiges Denken bekämpfen und die Negativität durch deine eigene Art von Realismus, Wahrheit und Positivität ersetzen willst, musst du genau die gleiche Arbeit leisten wie bei der Einführung einer neuen Gewohnheit in dein Leben. Du weißt bereits, wie du alle anderen Schritte durchführen kannst, und du weißt wahrscheinlich sogar, wie du dir ein realistisches Ziel setzt. Dieser Abschnitt ist jedoch eher eine Warnung als eine Erklärung.

Übermäßiges Denken hat dein Gehirn dazu veranlasst, ständig schlecht von dir selbst und deinen Fähigkeiten zu denken. Dies kann sich entweder darin äußern, dass du unrealistische Erwartungen stellst (Perfektionismus) und dich selbst zum Scheitern verurteilst, oder dass du es gar nicht erst versuchst, weil du zu viel Angst davor hast (Analyseparalyse). In beiden Fällen sind deine Fähigkeit und dein Wissen, dir realistische Ziele im Leben zu setzen und neutrale Wahrheiten und Positivität einzufügen und zu nutzen, um den Instinkt deines Gehirns zu bekämpfen, entscheidend für deinen Erfolg.

Ein Beispiel für ein realistisches Ziel in Bezug auf die Beseitigung von Negativität könnte sein, dass due den nächsten Monat damit verbringen willst, auf neutrale Wahrheiten zu achten, die du in negative Spiralen einfügen kannst. Dies ist ein kleiner, aber drastischer Schritt, der dir hilft, in die richtige Richtung zu gehen.

Rüsten dich für den Erfolg. Fange klein an, plane mehr, träume groß.

Die Schritt-für-Schritt-Anleitung

Der Negativitätszyklus kann auch als "Brain Dump" bezeichnet werden und zwingt dich im Wesentlichen dazu, alles, was sich während eines Überdenkens und eines negativen Zyklus in deinem Gehirn befindet, auseinander zu nehmen und zu konfrontieren. In diesem Abschnitt werden wir alles, was besprochen wurde, zusammenfassen und in umsetzbare Schritte umwandeln, mit denen du heute beginnen kannst, um deine Reise zum Beenden des Überdenkens zu beginnen. Diese Schritte werden sich mit einigen der vorhergehenden Abschnitte überschneiden, aber dank der Hilfe von Ronald L. Banks werden ein paar Wendungen und neue Schritte hinzugefügt (Banks, 2020).

Wegwerfen

Wie im obigen Abschnitt nimmst du alles, was dir durch den

Kopf geht, und legst es an einem physischen Ort ab. Das kann ein Tagebuch, eine Sprachnotiz, dein Telefon, dein Computer, dein Tablet sein - was immer für dich einfacher ist. Wenn du alles loswirst, versuche gar nicht erst zu sortieren oder zu analysieren, was vor sich geht. Nimm einfach buchstäblich jeden Gedanken, jedes Gefühl und alles, was um dich herum und in dir vorgeht, auf und schreibe es auf (Banks, 2020).

Sortieren

Jetzt kommt die lustige neue Aufgabe: Sortiere alle Gedanken, die du gerade aufgeschrieben hast. Es gibt drei Kategorien, in die du sie einteilen kannst: allgemeine Gedanken, umsetzbare Dinge und Emotionen oder Gefühle. Wenn du sie aufgeschrieben hast, lies sie durch und frag dich, was jetzt wirklich wichtig ist oder wie sehr du dich später darum kümmern wirst. Indem du dir diese Fragen stellst, gewinnst du an Perspektive und Bewusstsein und kannst deine Gefühle wahrnehmen, ohne in eine Spirale zu geraten.

Wenn du z. B. einen Gedanken hast, der besagt: "Ich bin frustriert über dieses Ereignis", lies ihn und registriere ihn als Gefühl, und dann frag dich, wie wichtig dieses bestimmte Gefühl im Moment ist. Du hast die Möglichkeit zu sagen, dass es wirklich wichtig ist, oder dass es im Nachhinein betrachtet nicht so wichtig ist. Beide Antworten erkennen das Gefühl an und geben dir Hinweise, wie du damit umgehen kannst (z. B. auf das Gefühl reagieren oder es anerkennen und dann loslassen) (Banks, 2020).

Ändere deine Sichtweise von Furcht

Angst ist etwas, von dem wir uns fernhalten, und manchmal ist das auch gut so. Angst ist gesund, und sie ist ein Signal unseres Gehirns, das uns sagt, dass etwas falsch ist oder vermieden werden muss. Doch so oft benutzen wir das kleinste bisschen Angst als Grund, nicht weiterzumachen oder nicht zu wachsen und unsere Grenzen, Perspektiven oder Situationen zu verändern.

Denk einen Moment lang darüber nach. Jeder Neuanfang, den du jemals gemacht hast, war wahrscheinlich mit einem winzigen bisschen Angst verbunden. Auf die Universität oder das College zu gehen. Eine neue Schule zu beginnen. Einen neuen Job antreten. Der Beginn einer neuen Beziehung. Umziehen in eine andere Wohnung oder Stadt. Heiraten. Das Eingehen einer festen Beziehung. Jeder einzelne dieser großen Momente war wahrscheinlich mit etwas Angst verbunden. Wahrscheinlich hast du die meisten dieser Situationen gut überstanden. Du hast gegen die Angst gekämpft, gewonnen und bist als Mensch gewachsen. Wir müssen aufhören, alle Ängste und Unannehmlichkeiten zu meiden, denn in diesen Bereichen zeigt sich, wer wir sind und wozu wir fähig sind, und dort wachsen wir. Das heißt nicht, dass wir uns nicht eingestehen können, wenn wir uns unwohl fühlen, oder uns anpassen können, um unsere Ängste leichter durchzustehen; der Schlüssel ist, unsere Angst anzuerkennen, einzuschätzen, wie gefährlich sie ist und ob wir sie bekämpfen sollten (und in Bezug auf das Überdenken sollte man das wirklich tun), und dann weiterzumachen.

Wir können die Zukunft nicht vorhersagen

Solange die Wissenschaft nicht wirklich mit den Science-Fiction-Filmen mithalten kann, müssen wir zugeben, dass wir die Zukunft nicht vorhersagen können (oder zumindest die meisten von uns nicht, wenn man an so etwas glaubt). Für dein Gehirn bedeutet das, dass jede Art von analytischer Lähmung und Angst, die du in Bezug auf die Zukunft empfindest, im Grunde nur übermäßige Sorge ist und mehr Stress und Angst verursacht, als du brauchst.

Bitte beachte, dass dies nicht dasselbe ist wie die Bewertung der Folgen bestimmter Handlungen und das Treffen fundierter Entscheidungen auf der Grundlage dieser Ergebnisse.

Hier geht es darum, dass du etwas nicht tust, weil du nicht weißt, ob es ein gutes Ergebnis bringen wird. Oder du änderst dich nicht, weil du Angst vor dem hast, was passieren könnte. Es ist in Ordnung, Angst vor dem Unbekannten zu haben. Angst vor der Zukunft zu haben, ist in Ordnung. Es ist nicht in Ordnung, sich von der Angst und dem Mangel an Wissen beherrschen zu lassen. Beginne, diese Ängste zu bekämpfen, indem du sie rationalisierst. Schreibe deine Gedanken, deine Ängste und deine wahren Gefühle auf. Erkenne an, dass du dich mit der Gegenwart und der Vergangenheit auseinandersetzen musst, wenn di willst, dass deine Zukunft anders wird. Was hast du getan, um so zu werden, wie du jetzt bist? Was musst du ändern?

Warte nicht länger auf Perfektion

Wie bereits erwähnt, ist Perfektion nicht immer möglich, und sie ist zu einer Krücke geworden. Perfekt sein zu wollen oder zu warten, bis alles perfekt ist, ist ein guter Weg, um dein überdenkendes Gehirn gewinnen zu lassen und sich nicht zu verändern. Lass das nicht mehr mit dir machen. Es wird dir nicht gefallen, dies zu lesen, aber nichts wird jemals den Grad an Perfektion erreichen, auf den du wartest, um das zu tun, was du tun musst.

Kontrolliere deine Emotionen

Ah, wir sind also wieder bei der Kontrolle unserer Emotionen angelangt. Das ist ein unglaublich kniffliger Schritt, denn er erfordert, dass du deine aktuellen Emotionen und

Gedankenmuster tatsächlich bekämpfst. Wie bereits erwähnt, bedeutet die Kontrolle deiner Emotionen zum Glück nicht, dass du deine Gefühle oder deren Gründe ignorierst. Es bedeutet, dass du deine Emotionen anerkennst und Lösungen finden musst, um sie zu beheben oder zu lösen.

Visualisiere, was gut gehen kann

Ein anderes gutes Wort dafür ist "manifestieren". Wenn du deinen Tag mit einer Manifestation dessen beginnst, was an deinem Tag gut laufen könnte, und dann einen Weg findest, dir diese Erinnerungen für den Rest des Tages direkt ins Gesicht oder in den visuellen Bereich zu holen, kannst du dein übermäßiges Denken und deine negativen Gedanken bekämpfen. Ja, es ist wirklich so einfach. Indem du dich auf das konzentrierst, was gut laufen könnte, bist du zu sehr damit beschäftigt, dein Gehirn umzuerziehen, als dass sich übermäßiges Denken festsetzen oder an deinen mentalen Bahnen der Negativität hängen bleiben könnte.

Zusammenfassung

Ehrlich gesagt, ist Negativität zum Kotzen. Sie ist absolut schrecklich und macht keinen Spaß, weil sie sich in jeden

Bereich unseres Lebens einschleicht, ohne Vorwarnung und ohne sich darum zu kümmern, was sie tatsächlich mit unserem Selbstvertrauen, unseren Fähigkeiten und sogar unserer Lebensweise anstellt. Noch schlimmer ist, dass sich unser Gehirn ganz natürlich an dieser Negativität festzubeißen scheint, obwohl es weiß, dass diese Art des Denkens schlecht für uns ist. Es ist so viel einfacher, dies zu tun, als es ständig zu bekämpfen.

Aber der Kampf dagegen wird dir das Leben und die Veränderung bringen, die du dir wünschst. Wenn du dein übermäßiges Denken erfolgreich bekämpfen willst, musst du damit beginnen, die Negativität in deinem Leben loszuwerden, insbesondere die Negativspiralen, zu denen dein übermäßiges Denken neigt. Glücklicherweise sind Negativitätszyklen kurz und bestehen nur aus zwei Schritten, was bedeutet, dass du durchaus in der Lage bist, zu analysieren, die Wahrheit herauszufinden, positiven Ersatz durch neutrale Wahrheiten oder aufrichtige Dankbarkeit einzuführen und dir realistische Ziele zu setzen. Du musst einfach nur damit anfangen.

Das ist leichter gesagt als getan.

Erinnerung

Das gesamte Buch ist mit einer positiven Grundstimmung geschrieben, die dich ermutigen soll, deine eigene Reise im

Kampf gegen das Überdenken zu beginnen. Es gibt jedoch auch einen schmalen Grat zwischen dem Genuss all der "Du schaffst das!"-Aussagen in diesem Buch und dem Verständnis der grundlegenden Tatsache, dass wir alle Menschen sind. Es wäre schön, wenn du dieses Buch einfach lesen könntest und dein übermäßiges Denken augenblicklich in Ordnung bringst und beenden könntest. Aber so einfach ist es nicht. Du musst dir erlauben, Fehler zu machen, sonst gibst du deinem überkritischen und negativen Gehirn einen Grund, diese Reise nicht fortzusetzen.

Ist es nun sicher, dass du beim ersten Mal scheitern wirst? Nein. Das weiß niemand mit Sicherheit, denn es liegt an dir. Dies ist lediglich eine Erinnerung daran, dass du dir selbst die Fähigkeit zugestehen musst, menschlich zu sein und Fehler zu machen, aber auch die Entschlossenheit und den Durchhaltewillen haben musst, es weiter zu versuchen.

Tagebuch

Nimm also für dieses Kapitel dein Tagebuch zur Hand und überlege dir, wie du deine Negativität bekämpfen und loswerden kannst.

Fange damit an, dich an das letzte Mal zu erinnern, als du eine

Negativspirale hattest (falls du das nicht schon getan hast), und versuche, dich an gemeinsame Elemente in diesen Spiralen zu erinnern. Was sind die Gemeinsamkeiten?

Sobald du diese Ähnlichkeiten erkannt hast, solltest du sie analysieren und dir Wahrheiten überlegen, mit denen du sie in Zukunft bekämpfen kannst.

Wähle als Nächstes, mit welcher Art von positivem Ersatz du zuerst beginnen willst. Überlege dir ein paar Erinnerungen oder Dankbarkeitsbekundungen, die du entweder in einen Kalender, in dein Telefon oder in dein Notizbuch eintragen kannst, um sie im Laufe des Tages zu betrachten und dich daran zu erinnern, bevor deine negative Stimmung außer Kontrolle gerät.

Dann beginnst du, dir realistische Ziele zu setzen und dabei alles zu berücksichtigen, was du bisher gelernt hast (dies wird auch am Ende des Buches wiederholt).

Schreib schließlich die Gründe auf, warum du dies tun wollest. Diese Gründe werden dich daran erinnern, wenn es schwierig wird, und sie werden zu einer Art Fortschrittsmarker. Je mehr du dein Überdenken bekämpfst und überwindest, desto mehr wirst du in der Lage sein, diese "Warum"-Gründe zu beantworten und zu lösen.

KAPITEL 6

Lebensverändernde Techniken,
um das Überdenken zu beenden

Und endlich ist es an der Zeit, sich mit den alltäglichen praktischen Möglichkeiten zu befassen, die du nutzen kannst, um deine Tendenzen zum Überdenken zu stoppen. Dieses Kapitel baut auf den Prinzipien, Leitlinien und mentalen Diskussionen auf, die wir bisher geführt haben. Das heißt, es wird davon ausgegangen, dass du bereits an bestimmten Dingen arbeitest, und was dir hier empfohlen wird, wird speziell auf neue und andere Techniken eingehen, die hoffentlich in der Lage sein werden, mit allem anderen bisher Gesagten synchron zu arbeiten. Der Schlüssel für jede dieser empfohlenen Praktiken ist nicht nur, dass du sie sofort anwenden kannst, sondern auch, dass du Optionen für jede Art von Überdenken hast, die dein Gehirn zu verfolgen beschließt. Wenn eine Taktik bei dir nicht funktioniert, versuch eine andere; oder wenn du weißt, dass eine Taktik bei einer bestimmten Art von

Überdenken besser funktioniert als bei einer anderen, nutze das zu deinem Vorteil.

Unabhängig davon, wo du dich auf deinem Weg des Überdenkens befindest, werden diese Übungen für dich von großem Nutzen sein, und es wird dringend empfohlen, dass du sofort damit beginnst.

Techniken, um das Überdenken für immer zu beenden

Zurück zur Sache. Jeder dieser Abschnitte enthält Schritte, Tricks und Ideen, wie du dein übermäßiges Denken stoppen kannst, sowie Aufbauvorschläge und "Endziele". Zu diesen Vorschlägen kannst du zurückkehren, sobald du in jeder einzelnen Übung Beständigkeit erreicht hast. Die "Endziele" sind eigentlich nur ein Bild davon, wie diese Übung in Bezug auf dich und dein Überdenken über einen längeren Zeitraum aussehen wird.

Halte dein Tempo

Auch auf die Gefahr hin, dass ich mich wiederhole: Das Allererste, was du tun solltest, ist, dein Tempo zu drosseln. Nein, das ist kein grünes Licht dafür, mit der Lektüre dieses

Buches aufzuhören oder den Schwung, den du beim Lesen dieses Buches aufgebaut hast, zu verlangsamen.

Denk stattdessen daran, dass Veränderung nicht über Nacht geschieht. Du nimmst ein langwieriges und anstrengendes Unterfangen auf dich, denn du wirst dich nun mit dir selbst auseinandersetzen, was garantiert ein ziemlich hitziger und hart erarbeiteter Sieg sein wird, wenn du gewinnst. Sei strategisch. Niemand kennt dich besser als du selbst, außer vielleicht ein Elternteil oder eine sichere Person (sie kennen deine Eigenheiten besser als du selbst, es sei denn, du bist dir deiner selbst unglaublich bewusst); das bedeutet, dass du dich höchstwahrscheinlich bereits aller Arten von selbstsabotierenden Verhaltensweisen bewusst bist, mit denen du versuchen könntest, diese Reise aufzuhalten. Nicht, weil du dich nicht verändern willst, sondern weil diese Veränderung bedeutet, dass du dich mit vergangenen Dämonen konfrontieren musst, die du vielleicht lieber ignorieren willst, oder dass du Angst vor dem hast, was kommen wird.

Ja, du musst und sollst diese Angst bekämpfen, aber tu es weise. Nimm dir Zeit. Setz dir realistische Ziele, und lass es zu, dass du menschlich bist und vielleicht scheiterst (was übrigens eine gute Möglichkeit ist, dein übermäßiges Denken zu bekämpfen, da du deine Angst vor Veränderungen bekämpfst und dich mit deinem Bedürfnis nach Perfektion auseinandersetzen musst).

Der Weg zu sich selbst wird für jeden anders aussehen, vergleiche dich also nicht mit dem Weg einer anderen Person. Nutze dein neu erworbenes Wissen über Bewusstheit und kognitiven Ersatz aus den vorangegangenen Kapiteln, um deine selbstsabotierenden Gedanken zu erkennen und um handlungsfähige und realistische Lösungen zu entwickeln, um sie zu bekämpfen.

Gebäude

Wenn es darum geht, das eigene Tempo zu halten, ist es eine gute Möglichkeit, darauf aufzubauen, indem man damit weitermacht und es mit sich wachsen lässt. Manchmal, wenn wir uns so lange zurückgehalten haben und dann plötzlich loslassen, denkt unser Gehirn: "Endlich kann ich wieder so weitermachen wie vorher", was eigentlich nicht das ist, was wir wollen. Ähnlich wie bei der Einführung einer neuen Fitnessroutine oder einer neuen Essgewohnheit kannst du dich selbst einteilen, um mit deinen Zielen zu wachsen; und dieses Wachstum wird sich für dich relativ natürlich anfühlen. Die Chancen stehen gut, dass du, wenn du dein Tempo richtig wählst, gar nicht merkst, wann du es an dein neues Wachstum angepasst hast.

Zielsetzung

Das Ziel, das du mit der Zeit erreichen willst, besteht darin, ein neues Selbstbewusstsein dafür zu entwickeln, wozu du fähig bist und wie du es erreichen kannst. Anstatt zu erwarten, dass du auf Anhieb perfekt bist, oder etwas zu sehen und nur zu sagen "eines Tages" und keinen Plan zu haben, wie du es erreichen kannst, hast du den perfekten Mittelweg gefunden. Du weißt, was du willst, wie du dorthin kommst und wie du sicherstellen kannst, dass dein Gehirn und dein Körper beständig bleiben, um dieses Ziel zu erreichen.

Lösungen

Das bringt uns zu der nächsten Übung, die du einbauen kannst: Problemlösung. Ja, leider ist diese spezielle Matheaufgabe aus der Grundschule tatsächlich eine Lebenseigenschaft, die wir alle brauchen. Wir werden dich jedoch nicht fragen, wie viele Orangen Susie hat, wenn sie Tennessee mit 60 Meilen pro Stunde verlässt. Stattdessen werden wir persönlich werden.

Stelle dir diese Fragen:

- Warum löst du nicht einige deiner Probleme (die einfachen, nicht die traumatischen oder tief verwurzelten)?

- Was wäre deine natürliche Tendenz, Probleme zu lösen, wenn dein überdenkender Verstand nicht im Weg wäre?

- Welche Art und Weise, wie andere Menschen Probleme

lösen, macht dich wahnsinnig?

Sieh dir nun deine Antworten an und prüfe, ob du ein allgemeines Muster bei dir selbst erkennst. Es könnte sein, dass du Probleme nicht lösen willst, weil du Angst davor hast, oder dass du aufgrund früherer Erfahrungen nicht in einen Konflikt geraten willst, oder dass du es in der Vergangenheit zu schnell getan hast und es nicht gut ausgegangen ist. Was auch immer der Grund oder das Muster sein mag, es ist an der Zeit, sich damit auseinanderzusetzen, denn dein überdenkendes Gehirn wird sich tatsächlich verlangsamen, wenn du seine Abwärtsspirale mit einer Lösung konfrontierst.

Wie findet man also eine Lösung?

Verwandle dein Problem in eine Frage. Sich selbst eine Frage zu stellen, ist eine großartige Möglichkeit, dein Gehirn in Gang zu bringen oder daran zu erinnern, dass du dieses Problem tatsächlich lösen musst, während du gleichzeitig beginnst, vielleicht alternative Denkformen in deinem Gehirn zu entwickeln.

Die Anwendung dieser Methode wird tatsächlich damit beginnen, an mehreren vergangenen Aktionen zu arbeiten, die wir besprochen haben, nämlich: die richtige Perspektive einzunehmen, positive oder neutrale Gedanken einzufügen und deine Negativität zu analysieren und zu sortieren und ihr eine

Aktion zuzuweisen.

Gebäude

Wenn du deine Lösungsfähigkeit ausbaust, musst du deine Probleme nicht unbedingt in eine Frage umwandeln, um über den Tellerrand zu schauen. Auch dies wird sich im Laufe der Zeit wahrscheinlich relativ natürlich anfühlen, weil du dein Gehirn darauf trainiert hast, nach umsetzbaren Lösungen zu suchen, anstatt sich unterkriegen zu lassen oder eine Lösung zu finden, die dir nicht hilft, das zu erreichen, was du willst.

Zielsetzung

Das Endziel der Lösungsfindung ist es, in der Lage zu sein, dein übermäßiges Denken zu analysieren, aufzuschlüsseln und gesunde und umsetzbare Lösungen dafür zu finden.

Tagebuchführung

Das Führen eines Tagebuchs ist eine großartige Möglichkeit, eine neue Sichtweise auf Lösungen zu gewinnen. Es ist erstaunlich, wie anders die Dinge erscheinen können, wenn wir uns von unseren Problemen, Gedanken und Gefühlen distanzieren können, indem wir sie auf Papier, einen Bildschirm oder in eine Sprachnotiz bringen. Wahrscheinlich hast du diese Methode bereits während des gesamten Buches angewandt.

Nimm dir jetzt einen Moment Zeit und schaue dir deine ersten Tagebucheinträge bis zum letzten Kapitel an. Wie fühlst du dich bei all diesen verschiedenen Gedanken auf dem Papier? Hängst du immer noch emotional an ihnen, oder konntest du dich davon distanzieren, um bessere Denkansätze zu finden?

Ein Grund dafür, dass wir uns so leicht fixieren, wenn wir zu viel nachdenken, ist, dass uns nichts davon abhält, unsere tatsächlichen Gedanken und Gefühle wahrzunehmen. Unser Verstand wird zu einem eigenen Ding, und es kommt uns so vor, als würden wir nur mitfahren. Wenn du deine Gedanken und Emotionen in einem Tagebuch festhältst - vor allem, wenn du zu viel nachgedacht hast -, wird dies verhindert.

Es mag nicht sehr realistisch erscheinen, genau in dem Moment ein Tagebuch zu führen, in dem dein Gehirn beginnt, außer Kontrolle zu geraten. Was ist, wenn es passiert, während du in einer Besprechung bei der Arbeit bist oder dich mit einem geliebten Menschen oder einem Kollegen streitest? Du bist vielleicht nicht in der Lage, sofort ein Tagebuch zu führen, aber da dein Gehirn sehr viel nachdenkt, werden diese Gedanken und Gefühle nicht verschwinden.

Mach es dir zur Gewohnheit und Disziplin, dein Tagebuch überallhin mitzunehmen, und sorge dafür, dass du nach dem Ereignis einen ruhigen Ort findest, um deine Gedanken und

Gefühle aufzuschreiben, wenn du nicht in der Lage bist, es sofort zu beenden und dann mit dem Schreiben zu beginnen. Egal, wann du deinee Probleme aufschreibst, du wirst aufhören, zu viel nachzudenken. Selbst wenn es ein oder zwei Stunden später ist (obwohl das nicht ideal ist, aber so ist das Leben).

Der Sinn des Tagebuchschreibens besteht darin, dein Gehirn an die Realität der Situation zu erinnern und deine Gedanken anzuerkennen, aber auch damit zu beginnen, sich von ihnen zu distanzieren. Es gibt keine zeitliche Vorgabe, aber das ist auch kein Zeichen dafür, dass man nur dann ein Tagebuch führen soll, wenn einem danach ist, wenn es gerade passt, oder dass man überhaupt nicht schreiben soll.

Es mag dir nicht gefallen, aber du brauchst etwas, um dich von deinen Gedanken zu distanzieren, und das Tagebuchschreiben bietet dir diese Möglichkeit.

Gebäude

Nachdem du deine Gedanken aufgeschrieben hast, wie im vorherigen Kapitel beschrieben, hast du die Wahl. Du kannst entweder aus diesen Gefühlen, die du jetzt wieder liest, handlungsfähige Schritte machen oder sie ignorieren. Das Ignorieren deiner Gefühle muss jedoch tatsächlich so sein, dass du sie ignorieren kannst und willst. Du kannst sie nicht einfach ignorieren, weil es zu viel Arbeit oder Mühe macht, sich mit ihnen zu befassen, oder weil der umsetzbare Schritt, auf den sie dich hinweisen, zu viel Arbeit ist (realistisch betrachtet kannst du das tun, aber dann weirst du deine übermäßigen Denkmuster nicht beenden). Umsetzbare Schritte sind beängstigend, und das ist ein völlig natürliches und normales Gefühl; aber wenn du dich von dieser Angst beherrschen lässt, dann wirst du dieses Buch lesen und nicht anders sein.

Genauso wenig darfst du dein Tagebuch als Krücke benutzen. Nur weil man ein Tagebuch führt und sich besser fühlt, heißt das nicht, dass man ein Gespräch mittendrin abbrechen und sofort ein Tagebuch führen kann. Es gibt bestimmte Zeiten und Orte, an denen man ein Tagebuch führen und seine Gefühle zu Papier bringen kann, und man muss sich dieser Zeiten und Orte bewusst sein.

Mit der Zeit wirst du vielleicht feststellen, dass du nicht mehr so oft Tagebuch führen musst wie zu Beginn deiner Reise, weil dein Gehirn die Fähigkeit entwickelt hat, auf natürliche und einfache Weise eine Perspektive für sich selbst zu finden. Das ist tatsächlich möglich, aber es braucht eine Menge Training und Verantwortlichkeit, um dorthin zu gelangen.

Endziel

Das Ziel des Tagebuchschreibens - unabhängig davon, ob du diese Gewohnheit tatsächlich beibehältst oder nicht - ist es, dir zu helfen, neue Wege zu finden, um eine Perspektive zu gewinnen und deine Gedanken zu ordnen, wenn sie dir einfallen.

Meditation

Meditation ist nicht nur etwas für Yoga-Enthusiasten, sondern für jeden, der einen Moment und den Raum braucht, um zu atmen und sich auf positive Weise von seiner Umgebung zu distanzieren. Wenn es darum geht, zu viel zu denken, ist eine der besten Arten zu meditieren, die Meditation, d. h. den Geist zu leeren und sich nur auf den Atem zu konzentrieren, mit Achtsamkeit zu kombinieren, d. h. sich einfach nur auf das zu konzentrieren, was man tut. Auf nichts anderes. Wenn du Wäsche faltest, falte einfach die Wäsche. Lass nicht zu, dass dein Gehirn abschweift oder über all die negativen Dinge nachdenkt, die es gerne tun würde, und fixiere dich nicht auf das auslösende Ereignis, das die Abwärtsspirale verursacht hat. Der Schlüssel ist, sich auf das Alltägliche und die Routine zu konzentrieren. Dadurch wird die Negativspirale gestoppt und die Emotionen können langsam abfließen (auch bekannt als, du hast es erraten, Abstand von den Emotionen gewinnen, um eine Perspektive aufzubauen).

Wenn das für dich nicht funktioniert, kannst du auch die eher dem Yoga ähnliche Art der Meditation anwenden. Such dir einen ruhigen Ort, sitze still und konzentriere dich auf deinen Herzschlag und deinen Atem. Lass deine Gedanken und Gefühle langsam aus dir herausfließen und konzentriere dich nur auf deinen Körper. Diese Handlungen bewirken das Gleiche wie die Konzentration auf eine alltägliche Aufgabe.

Es ist allgemein bekannt, wie schwer das ist. Unsere überdenkenden Gehirne sind darauf trainiert, die ganze Zeit in Höchstgeschwindigkeit zu denken, und unsere Gesellschaft und unser Arbeitsleben haben das nicht einfacher gemacht. Ständig passiert etwas, ständig müssen Listen erstellt werden, und ständig müssen Emotionen gefühlt, bestätigt und gehandelt werden. Sich die Zeit und die Energie zu nehmen und sogar die Fähigkeit zu haben, all das loszulassen und sich nur auf diese eine Sache zu konzentrieren, wird schwer sein.

Aber du kannst es schaffen.

Gebäude

Der Aufbau der Meditation hängt wirklich davon ab, wofür du sie verwendest und wie du sie durchführst. Wenn du die Meditation einfach dazu nutzt, deinen Geist zu leeren, um eine Perspektive zu gewinnen, dann kannst du sie so aufbauen, dass du schneller zu diesem Ort des gesegneten Friedens und der Neutralität gelangst. Wenn du jedoch beschließt, die Meditation mit anderen Dingen zu verbinden, z. B. sie als ruhige Zeit zu nutzen, um dein Gehirn neu zu trainieren oder neue positive Gedanken in deinen Kopf einzubauen, kannst du die Dauer oder Häufigkeit deiner Meditation pro Tag steigern oder skalieren.

Zielsetzung

Das Endziel der Meditation ist für jeden anders, denn sie hat so viele verschiedene Vorteile und Möglichkeiten. Ein großartiges allgemeines Endziel der Meditation ist die Fähigkeit, sich leicht in diese Geisteshaltung zu versenken und sich nicht zu sehr um die Umgebung oder die notwendigen Hilfsmittel zu kümmern, die man vorher brauchte, um dorthin zu gelangen.

Ablenkungen

Dies mag wie ein Widerspruch erscheinen, wenn man bedenkt, dass es in der letzten Übung darum ging, den Geist zu leeren und sich nur auf eine Sache zu konzentrieren, um eine Perspektive für die eigenen Gefühle zu gewinnen. Aber es gibt Tage, an denen das einfach nicht möglich ist. Unsere Gedanken, Gefühle und Emotionen sind dieses ständige Summen in unserem Hinterkopf, das nie verschwindet, wie die lästige Fliege bei einem Picknick.

Wenn das bei dir der Fall ist, findest du sanfte und beruhigende Ablenkungen, mit denen du dein Gehirn dazu bringen kannst, sich auf etwas anderes zu konzentrieren als auf die Negativspirale, auf der es beharrt. Das könnte etwas sein wie: eine heiße Dusche nehmen, spazieren gehen, ein Buch lesen, Musik hören, tanzen, mit einem Freund reden oder sogar in die Natur gehen. Alles, was deinem Gehirn einen physischen oder mentalen Freiraum bietet, um sich zu beruhigen (Welle

(www.dw.com), 2020).

Das Wichtigste bei diesen Ablenkungen ist, dass sie dich genug ablenken, um Abstand von deinem übermäßigen Denken zu gewinnen, aber nicht so weit, dass du es vergisst und nicht mehr zu diesen Gedanken zurückkehren kannst. Du willst es vielleicht nicht, aber du musst zu diesen Gedanken zurückkehren, denn wenn sie so sehr an dir nagen, dass du nicht meditieren kannst, bringt dein Gehirn höchstwahrscheinlich etwas an die Oberfläche, dem du tatsächlich Aufmerksamkeit schenken und dich damit befassen musst.

Gebäude

Der Aufbau dieser besonderen Praxis kann auf zwei Arten erfolgen. Entweder kannst du die Dauer der Ablenkung verkürzen, um schneller eine Perspektive zu gewinnen und eine Lösung herbeizuführen, oder du kannst diese Praxis so weit ausbauen, dass du dein Überdenken mit einem ruhigen oder glücklichen Geist angehst (je nach deiner Situation).

Zielsetzung

Ehrlich gesagt besteht das Ziel der Ablenkung darin, die Ablenkung(en) zu finden, die für dich funktionieren. In diesem Leben wird es immer wieder chaotische Situationen geben, in denen wir eine Art der Selbstberuhigung brauchen, die gesund und proaktiv ist, um einen Ort des Friedens und der Lösung zu finden. Wenn du eine oder mehrere Methoden findest, von denen Sie weißt, dass sie für dich funktionieren, kann das im weiteren Verlauf deines Lebens Wunder bewirken. Was das Überdenken betrifft, so wird dir diese Übung hoffentlich helfen, dich fähiger zu fühlen, wenn du beginnst, deine Überdenkenstendenzen zu bekämpfen und zu stoppen.

Kleine Notiz

Erinnerst du dich noch an die Einleitung, in der wir über das Gehirn gesprochen haben? Deine Umgebung spielt eine große Rolle dabei, was du tun kannst und willst, wenn es darum geht, dein überdenkendes Gehirn zu bekämpfen. Dies ist besonders wichtig, weil du nach gesunden und friedlichen Ablenkungen suchst, die deinem Gehirn helfen, sich vom Überdenken zu distanzieren und es positiv zu bekämpfen. Sich in einer negativen Umgebung aufzuhalten, wird dir nicht wirklich helfen, dies proaktiv zu schaffen (wenn überhaupt).

Achte besonders auf deine Umgebung, was deine Ablenkungen

angeht. Wenn du dich für eine negative Ablenkung entscheidest (selbst wenn es sich um negative Musik handelt), wirst du möglicherweise nicht die positiven Auswirkungen erhalten, die du erreichen wolltest.

Wenn du nach Möglichkeiten suchst, dies zu ändern, findest du hier ein paar schnelle Tipps (die sich ziemlich ähnlich anhören wie einige andere Abschnitte in diesem Buch, aber halte dich erst einmal daran). Erstens: Stoppe schlechten Input. Das bedeutet, dass du dir bewusst machst, dass sich etwas negativ auf dich auswirkt, und absichtlich versuchst, es nicht mehr zu benutzen, nicht mehr dorthin zu gehen oder dort zu sein. Zweitens, fang an, das Richtige zu tun (oder beginne, positiven Ersatz zu verwenden). Drittens: Entferne die Dinge, die nicht dort sein sollten. Im Wesentlichen sollte alles, was deine negativen Gedankengänge unterstützt oder fortsetzt, angesprochen werden. Wenn es sich um eine Beziehung handelt, frage die andere Person, ob sie bereit wäre, zu versuchen, dir gegenüber positiver zu sein. Wenn es um deinen Arbeitsplatz geht, überlege, wie du ihn positiver gestalten kannst, oder suche nach Möglichkeiten, die Position zu wechseln. Wenn es sich um dein Lebensumfeld handelt, überlege, wie du es für dich selbst positiver gestalten kannst.

Ja, das ist an und für sich schon eine Menge Arbeit, aber es wird sich lohnen. Ein positives Umfeld fördert eine positive

Einstellung, die dich weiterhin ermutigen wird, dein Überdenken zu bekämpfen.

Allerdings

Wenn etwas so negativ ist, dass es für dich gefährlich oder giftig ist, dort zu sein, suche eine sichere Person, die dir hilft, sofort zu gehen.

Tagebuch

Jetzt, wo wir am Ende dieses Buches angelangt sind, solltest du dir überlegen, was du heute, morgen oder in dieser Woche tatsächlich tun kannst.

Denke daran, dass Rom nicht an einem Tag erbaut wurde, und es ist sicher nicht anzunehmen, dass du dein Überdenken in kurzer Zeit besiegen kannst, also lass uns diese Option einfach vom Tisch nehmen. Mit Zeit, Fleiß und Unterstützung von außen durch einen Mentor, eine sichere Person oder einen zugelassenen Therapeuten wirst du es schaffen, aber es wird Zeit brauchen. Da du nun gezwungen bist, dir einzugestehen, dass dies ein langer Prozess sein wird, beginne damit, aufzuschlüsseln, was du in diesem Kapitel sofort tun kannst und wie du darauf aufbauen wirst.

Welche dieser Praktiken kannst du also sinnvollerweise täglich anwenden?

Wie wirst du es einbauen?

Wie wirst du sicherstellen, dass du sie auch in schwierigen Zeiten einhältst? (Wie wirst du rechenschaftspflichtig bleiben?)

Führe dieses Tagebuch mit dir, wenn du mit dem Aufbau beginnst und das Endziel dieser Übungen erreichst, kehre zu diesen Seiten des ersten Tages zurück, um zu sehen, wie du die Dinge skaliert hast und beginne, herauszufinden, wie dein Gehirn funktioniert. Diese Art von persönlicher Einsicht wird von unschätzbarem Wert sein, wenn es darum geht, einen gesünderen und stärkeren Verstand im Kampf gegen dein Überdenken zu entwickeln.

Fazit

Wir sind also am Ende der Diskussion darüber angelangt, wie du dein übermäßiges Denken bekämpfen kannst. Wir haben viele Dinge besprochen, daher werden einige der einleitenden Dinge zusammengefasst und mit dem Rest des Buches verknüpft, um dir zu helfen, alles mit einer netten kleinen metaphorischen Schleife zu verbinden.

Übermäßiges Denken bedeutet, zu viele schädliche Gedanken in eine Sache zu stecken. Auch wenn unser Gehirn in die Falle getappt ist und glaubt, dass diese Art des Denkens produktiv ist, ist sie es nicht und wird es wahrscheinlich auch nie sein. Wenn unser Gehirn zu viel nachdenkt, neigt es dazu, sich auf Sorgen, Grübeln, Besessenheit oder angstgesteuerte Gedanken zu konzentrieren. Übermäßiges Denken kann sich auf zwei Arten äußern: Wir machen uns entweder Sorgen über die Vergangenheit oder über die Zukunft. Wir haben uns diese Art des Denkens angewöhnt, weil uns niemand darauf aufmerksam gemacht hat, weil wir uns selbst und alle um uns herum davon überzeugt haben, dass es sich um produktives Denken handelt, oder weil wir es schon so lange tun, dass wir uns nicht mehr bewusst sind, was wir da tun. Unabhängig davon, wie wir dazu gekommen sind, bekämpfen wir aktiv Gehirne, die höchstwahrscheinlich monatelang, wenn nicht sogar jahrelang, negative Verhaltensmuster verinnerlicht haben.

Diese Muster sind die Gewohnheit des Überdenkens, die durch neue, positive Gewohnheiten ersetzt werden müssen. Denk daran: Die Natur verabscheut ein Vakuum, und wenn wir das Überdenken loswerden, ohne etwas an seine Stelle zu setzen, entsteht ein geistiges Vakuum, das wir nicht leer lassen sollten, wenn unser Gehirn nicht darauf vorbereitet ist. Ohne die nötige harte Arbeit und Entschlossenheit wird das Aufhören mit dem Überdenken höchstwahrscheinlich nur eine weitere schlechte Angewohnheit in deinem Gehirn hervorrufen, und wir sind wieder da, wo wir angefangen haben (nur mit einem anderen Buchtitel).

Darüber hinaus wird unsere Gewohnheit, zu viel zu denken, höchstwahrscheinlich durch ein Leben in ständigem Stress ausgelöst und aufrechterhalten, was wiederum das Potenzial hat, die Funktionalität unseres Gehirns und die tatsächliche Gehirnchemie zu verändern. Längerer Stress hat potenziell unglaublich schlechte Folgen für unser Gehirn; er kann unser

Angstzentrum ausschalten und die Fähigkeit unseres Gehirns, zu lernen, sozial zu sein und das Stresshormon Cortisol zu kontrollieren, einschränken (TED-Ed, 2015).

Aber genau das ist es, was stressbedingtes Überdenken unserem Gehirn physisch und chemisch antut. Wenn es um unseren eigentlichen Geist geht, hat das Überdenken tiefere und problematischere Folgen. Denk daran: Unser Verstand und unser Gehirn sind zwei verschiedene Teile ein und derselben Sache. Jeder Gedanke, den wir haben, gelangt in unseren Verstand, der dann beginnt, neuronale Bahnen in unserem Gehirn zu schaffen. Diese neuronalen Bahnen kodieren jeden Teil unseres Gedankens, von der auslösenden Handlung über den eigentlichen Gedanken bis hin zu den uns umgebenden Gefühlen und Reaktionen. Außerdem werden diese Nervenbahnen umso stärker, je öfter sie durchlaufen werden. Das bedeutet, dass diese Emotionen und Bahnen umso stärker werden, je mehr wir einen negativen Gedankengang verfolgen. Wenn wir ständig negativ denken, z. B. wenn wir zu viel nachdenken, bauen wir buchstäblich stärkere Formen der Negativität in unseren Köpfen und Gehirnen auf, indem wir diese neuronalen Pfade ständig nutzen (Leaf, 2019).

Glücklicherweise ist dein Gehirn in der Lage, sich zu erholen und sich selbst zu reparieren (TEDx Talks, 2020a). Hier kommen all die Techniken und Praktiken ins Spiel, die wir besprochen haben. Indem du Wege findest, neue neuronale Bahnen zu stärken und alte zu ersetzen, kannst du das Überdenken überwinden. Allerdings musst du dich selbst für den Erfolg vorbereiten. Dazu gehört es, konsequent zu sein, um Hilfe zu bitten, wenn du sie brauchst, und dafür zu sorgen, dass du dir sowohl Erfolg als auch Misserfolg erlauben kannst.

Es mag seltsam erscheinen, aber wenn du dir nicht erlaubst, auf dieser Reise zu scheitern, wirst du tatsächlich scheitern. Und warum? Weil du mit der mentalen Mauer, die dich vor dem Scheitern bewahrt, in Wirklichkeit eine Tendenz zum Perfektionismus fortsetzt. Indem du dir erlaubst zu scheitern, bekämpfst du aktiv das Bedürfnis nach Perfektion und gibst dir gleichzeitig die Möglichkeit, zu lernen, wie du am besten gegen dein Überdenken vorgehen kannst.

Denk auch daran, dass übermäßiges Nachdenken keine Form von Problemlösung oder Selbstreflexion ist. Die dem Überdenken innewohnende negative Einstellung sorgt dafür, dass diese Art von Gedanken nichts Produktives hervorbringt, d. h., dass du niemals in der Lage sein wirst, ein Problem richtig zu lösen oder über etwas nachzudenken, wenn du dich in diesem Geisteszustand befindest.

Inzwischen hast du hoffentlich ein paar Tage lang Tagebuch geführt und begonnen, einige introspektive Tendenzen gegenüber deinem überdenkenden Gehirn und seinen Eigenheiten zu entwickeln. Diese neuen Erkenntnisse über dich selbst können sich wie eine Niederlage anfühlen und erscheinen, aber versuch, sie nicht an dich heranzulassen. Du musst verstehen, wie dein Gehirn und dein übermäßiges Denken funktionieren, um diese spezielle Angewohnheit vollständig zu beenden, und dazu gehört auch, dass wir einige der chaotischen und nicht so tollen Seiten von uns selbst anerkennen.

Denk einfach daran: Viele Menschen waren dort, wo du bist, und haben den gleichen Kampf gekämpft, den du gerade kämpfst. Du bist damit nicht allein, du bist es wert, nicht so zu denken, und du bist in der Lage, es zu tun.

Scheue dich auch nicht, jemanden um Hilfe zu bitten, sei es eine sichere Person oder ein Fachmann, wenn es nötig ist. Betrachte diese Reise wie eine Eliminationsdiät. Sie wird langwierig sein, du wirst vielleicht ein paar kleine Pannen haben, aber hoffentlich bist du am Ende dieser Reise selbstbewusster und in der Lage, die Dinge in Angriff zu nehmen, die dich in der Vergangenheit zum Stolpern gebracht haben und die dich durcheinander gebracht haben.

Du schaffst das.

Dankesagung

Bevor du gehst, möchte ich dir noch sagen, dass ich dir sehr für den Kauf meines Buches danke.

Ich habe viele Tage und Nächte an diesem Buch gearbeitet, damit ich es endlich in deine Hände geben kann.

Bevor du also gehst, möchte ich dich um einen kleinen Gefallen bitten.

Würdest du bitte in Betracht ziehen, eine Rezension auf der Plattform zu veröffentlichen? Deine Rezensionen sind eine der besten Möglichkeiten, Indie-Autoren wie mich zu unterstützen, und jede Rezension zählt.

Dein Feedback wird es mir ermöglichen, weiterhin Bücher wie dieses zu schreiben, also lass mich wissen, ob es dir gefallen hat und warum. Ich lese jede Rezension und würde mich freuen, von dir zu hören. Um eine Rezension zu hinterlassen, scanne einfach den QR-Code unten oder gehe zu Amazon.com, gehe zu "Ihre Bestellungen" und finde es dann unter "Digitale Bestellungen".

Referenzen

Abraham, M. (2022, 9. Februar). *Ängste und negative Gedanken.* Www.calmclinic.com. https://www.calmclinic.com/anxiety/symptoms/bad-thoughts

Acosta, K. (2022, Januar 11). *What Causes Overthinking-and 6 Ways To Stop.* Forbes Health. https://www.forbes.com/health/mind/what-causes-overthinking-and-6-ways-to-stop/

Alison. (2020, April 19). *Wie man aufhört, zu viel zu denken und sich zu entspannen - 7 kraftvolle Ideen.* Littleblogofpositivity.com. https://littleblogofpositivity.com/mental-wellbeing/how-to-stop-overthinking-7-powerful-ideas/

Banks, R. L. (2020, November 2). *7 einfache Methoden, die Ihnen helfen, nicht mehr zu viel nachzudenken.* Www.youtube.com. https://www.youtube.com/watch?v=KO-hwqlGNCk

Kirsche, K. (2021, 1. Februar). *Warum toxische Positivität so schädlich sein kann.* Verywell Mind. https://www.verywellmind.com/what-is-toxic-positivity-5093958

Cloud, H., & John Sims Townsend. (2004). *Boundaries.* Zondervan. (Originalarbeit veröffentlicht 2022)

Cloud, H., & John Sims Townsend. (2016). *Safe People: How to Find Relationships That Are Good for You and Avoid Those That Aren't.* Zondervan. (Originalarbeit veröffentlicht 2022)

Cuncic, A. (2020, Juli 1). *Ändern Sie Ihre Gedanken, reduzieren Sie Ihre sozialen Ängste.* Verywell Mind. https://www.verywellmind.com/what-is-cognitive-restructuring-3024490

Eliassen, R. (2016, August 30). *Wie man aufhört, über alles nachzudenken | Der schnellste Weg!* Www.youtube.com. https://www.youtube.com/watch?v=EOsMDrT_X6I

Gute Therapie. (2019, November 5). *Perfectionism.* Goodtherapy.org. https://www.goodtherapy.org/learn-about-therapy/issues/perfectionism

Koa-Stiftungen. (n.d.). Koa Foundations | *Wie man aufhört, über alles nachzudenken, sich entspannt und vorwärts kommt.* Koa Foundations. Abgerufen am 29. April 2022, von https://foundations.koahealth.com/blog-post/how-to-stop-overthinking/.

Lang, A. (2018). *The Beauty of Discomfort: How What We Avoid is What We Need.* Collins.

Leaf, C. (2019, April 17). Wie Sie mit Mind-Management Ihre Lebensgeschichte umschreiben und neu definieren können. Dr. Leaf. https://drleaf.com/blogs/news/how-to-use-mind-management-to-rewrite-redefine-your-life-story

Malin, J. (2021, Mai 21). *7 eindeutige Anzeichen dafür, dass Sie zu viel über Ihren Job nachdenken.* Ladders | Business News & Career Advice. https://www.theladders.com/career-advice/7-clear-signs-youre-overthinking-your-job#:~:text=Usually%2C%20it

Merriam-Webster. (n.d.-a). *Besessenheit.* Www.merriam-Webster.com. Abgerufen am 26. April 2022, von https://www.merriam-webster.com/dictionary/obsession.

Merriam-Webster. (n.d.-b). *Overthink.* Www.merriam-Webster.com. Abgerufen am 19. April 2022, von https://www.merriam-webster.com/dictionary/overthink.

Merriam-Webster. (2019). *Anxiety*. Merriam-Webster.com. https://www.merriam-webster.com/dictionary/anxiety

Morin, A. (2019, Januar 7). *10 Signs You're an Overthinker*. Inc.com; Inc. https://www.inc.com/amy-morin/10-signs-you-think-too-much-and-what-you-can-do-about-it.html

Morin, A. (2020, April 20). *10 Anzeichen dafür, dass Sie zu viel nachdenken* (und was Sie dagegen tun können). Forbes. https://www.forbes.com/sites/amymorin/2020/04/20/10-signs-youre-overthinking-and-what-to-do-about-it/?sh=17f033a92bb8

Parker-Pope, T. (2020, Februar 18). *How to Build Healthy Habits*. The New York Times. https://www.nytimes.com/2020/02/18/well/mind/how-to-build-healthy-habits.html

Relf, S. (2020, Oktober 7). *Shut The F**k Up! - The Art of Managing Overthinking & Obsessive and Intrusive Thoughts*. Www.linkedin.com. https://www.linkedin.com/pulse/shut-fk-up-art-managing-overthinking-obsessive-intrusive-simon-relf/

Stein, M. (n.d.). *Why You Worry: Obsessing, Overthinking, and Overanalyzing Explained*. Www.effectivetherapysolutions.com. Abgerufen am 22. April 2022, von https://www.effectivetherapysolutions.com/anxiety/why-you-worry-obsessing-overthinking-and-overanalyzing-explained.

TED-Ed. (2015). *How Stress Affects Your Brain* - Madhumita Murgia. In YouTube. https://www.youtube.com/watch?v=WuyPuH9ojCE

TEDx-Vorträge. (2020a). *Wissenschaft des Denkens* | Caroline Leaf | TEDxOaksChristianSchool [YouTube Video]. In YouTube. https://www.youtube.com/watch?v=yjhANyrKpv8

TEDx-Vorträge. (2020b, 23. Januar). *How to Eliminate Self Doubt Forever & the Power of Your Unconscious Mind* | Peter Sage | TEDxPatras. Www.youtube.com. https://www.youtube.com/watch?v=v1ojZKWfShQ

Welle (www.dw.com), D. (2020, Juli 8). *Trick Your Brain to Stop Worrying and Overthinking* | DW | 07.08.2020. DW.COM. https://www.dw.com/en/trick-your-brain-to-stop-worrying-and-overthinking/a-54483817.

www.ingramcontent.com/pod-product-compliance
Lightning Source LLC
Chambersburg PA
CBHW031523120626
46545CB00005B/1981